Positive Outlook für ein glückliches Leben

So haben negative Gedankenmuster keine Chance mehr!

Anna Werner-Netzer

1. Auflage

2023

© Alle Rechte vorbehalten

Inhaltsverzeichnis

Hinweis

Alle Tipps sind in sehr enger Zusammenarbeit mit einem Neurologen und Psychologen ausgewählt worden. Diese Tipps sind erprobt und werden in der Psychotherapie erfolgreich angewendet!

Haftungsausschluss

Die Ratschläge in diesem Buch sind sorgfältig erwogen und geprüft. Dieses Buch dient nicht als Therapieersatz oder einen kompetenten medizinischen Rat. Alle Angaben in diesem Buch erfolgen daher ohne jegliche Gewährleistung und Garantie seitens des Autors.

Eine Haftung des Autors und seiner Beauftragten für Personen-, Sach- und Vermögensschäden ist ausgeschlossen.

Copyright

Das Werk einschließlich aller seiner Teile ist urheberrechtlich geschützt. Jede Verwertung außerhalb der engen Grenzen des Urheberrechtsgesetzes, ist ohne Zustimmung des Autors / Verlages unzulässig und strafbar. Das gilt insbesondere für Vervielfältigungen, Übersetzungen, Mikro-verfilmungen und die Einspeicherung und Verarbeitung in elektronischen Systemen

Anna Werner-Netzer

Einstieg

Was ist Glück? Glück scheint das erstrebenswerteste Ziel eines jeden Menschen sein und um eines vorweg zu nehmen, es steht jedem Menschen zu! Auch Ihnen! Sobald Sie Ihren ersten Atemzug auf dieser Welt machen, haben Sie die Berechtigung dafür, glücklich zu sein. Viele Menschen haben dies allerdings vergessen und verfangen sich in negativen Gedankenstrukturen. Dadurch, dass wir unter ständigem Druck stehen, unserer Umwelt gerecht zu werden, denken wir an nichts Anderes mehr als daran, Leistung zu erbringen. Ob im Berufs- oder im Privatleben. Leistungsdruck ist unser ständiger Begleiter. Wenn wir uns allerdings einer Problematik mit negativen Gedanken nähern, wird mit hoher Wahrscheinlichkeit nichts Positives daraus resultieren. Ganz im Gegenteil. Möglicherweise wirken wir sogar unsympathisch und verschrecken die Menschen um uns herum. Sich negative Gedankenstrukturen anzugewöhnen, wird sich nicht nur auf Ihr Umfeld, sondern auch auf Ihren eigenen Körper auswirken. Sie haben deutlich weniger Energie und Motivation, die Alltagsprobleme am Schopf zu packen, was dazu führt, dass die Probleme sich anhäufen, woraus Sie noch weniger Motivation schöpfen können – Ein Teufelskreis.

Wenn alle unsere Bedürfnisse befriedigt sind, so empfinden wir es als selbstverständlich. Gibt es allerdings etwas was wir haben möchten, so lenken wir unseren ganzen

Fokus darauf. Die Dinge, die in unserem Leben nicht existent sind, bekommen weitaus mehr Aufmerksamkeit als die Dinge, für die man dankbar sein sollte wie: Essen, Trinken, Obdach und Menschen, die uns nahestehen. In unserer heutigen Gesellschaft, die sich über Reichtum, Besitztümer und Materialismus definiert, scheint dies keine Überraschung zu sein. Man wird praktisch dazu erzogen mehr zu leisten, attraktiver zu werden oder noch mehr zu arbeiten, um sich Statussymbole anzueignen, mit denen man in der Gesellschaft besser dasteht. Aber führt das zum persönlichen Glück?

Ich sage: Nur wer sich gut fühlt, kann gutes leisten! Die Qualität der Arbeit und die Leistungsintensität hängen zwangsläufig von der emotionalen Verfassung des Menschen ab. Im Laufe der Evolution hat der Mensch einen Schutzmechanismus entwickelt. Dieser Schutzmechanismus fokussiert sich auf negative Vorkommnisse. Das Gehirn lenkt die Aufmerksamkeit also automatisch überwiegend auf negative Dinge. Das war im früheren Zeitalter lebensnotwendig. Was daraus resultiert ist, dass wir diesen Schutzmechanismus immer noch in uns tragen. Er wird also in bestimmten Situationen automatisch getriggert. Nur leider öfter, als es angebracht wäre. Er wird beispielsweise ausgelöst, wenn wir an eine zukünftige Prüfung denken oder wenn Rechnungen nicht bezahlt wurden. Leider verschwinden diese negativen Gedanken nicht ohne weiteres. Um sich negative Gedanken abzugewöhnen muss proaktiv gehandelt werden. Das bedeutet, dass Sie selbst aktiv handeln müssen, um den negativen Gedankenströmen entgegenzusteuern. Logischerweise müssen daher negative Gedanken durch Positive ersetzt werden. Dies muss dauerhaft geschehen, da es ziemlich einfach ist, in alte negative Gedankenmuster zu fallen. Genauso wie es negative Gedankenstrukturen gibt, gibt es auch positive Gedankenstrukturen. Durch unseren eingebauten Schutzmechanismus, kümmern wir uns allerdings viel mehr um die negativen Gedanken und füttern sie noch, sodass sie größer werden und uns irgendwann in eine Depression lenken. Dies gilt es natürlich zu vermeiden.

Um dies zu bewerkstelligen, muss man sich zunächst einmal bewusstmachen, dass alles was auf dieser Welt passiert neutral ist. Durch unseren Erfahrungshorizont, beginnen wir, den Geschehnissen eine Bewertung zu geben. Wir als Menschen entscheiden also, ob für uns etwas negativ oder positiv ist. Diese Bewertung macht jeder Mensch ganz individuell. Sie haben sicherlich schon einmal gehört, dass in jeder negativen Sache auch etwas Positives steckt. Dies ist ein guter Ansatz, um das Leben nicht in schwarz-weiß zu sehen. Das Leben ist nun mal nicht schwarz-weiß. Der Eine sieht die Trennung mit dem Partner als positiv an, weil ein neuer Lebensabschnitt beginnt. Der andere sieht die Trennung als Bruch in seinem Leben und kann sich nicht vorstellen, dass die Trennung etwas Positives mit sich bringt.

Um eine gewisse positive Einstellung zu manifestieren, ist es also nötig, die Gedanken neu zu strukturieren, denn aus dem Gedanken entwickelt sich die Aktion. Jeder Gedanke, wird sich in unseren Aktionen wiederspiegeln. Da wir aus positiven Gedanken weitaus mehr Energie gewinnen können, als aus negativen Gedanken, ist es nur logisch, sich bewusst für positive Gedanken zu entscheiden. Sie müssen sich ebenso mit Ihrem Unterbewusstsein beschäftigen, welches für viele Gedanken in Ihrem Gehirn verantwortlich ist. Unser Unterbewusstsein reagiert auf unsere Gedanken, woraus anschließend neue Gedanken entstehen. Der Mensch gewöhnt sich alles an, auch negative Gedanken. Um aus dieser unproduktiven Gedankenwelt auszubrechen, benötigt es den Glauben an sich selbst. Erst wenn Sie wirklich an sich selbst glauben, können Sie Unmögliches möglich machen. Durch positive Affirmationen können Sie es schaffen, sich an positive Gedanken zu gewöhnen. Immer wenn Sie also an sich zweifeln, sollten Sie sich einige positive Sätze durch den Kopf gehen lassen. Beispielsweise: „Das ist kein Problem für mich!", „Ich bin gut genug, um es zu schaffen!" oder „Für mich ist das ein Klacks". Je öfter Sie diese positiven Sätze in Ihrem Kopf wiederholen, desto schneller wird sich Ihr Gehirn daran gewöhnen. Selbst wenn Sie selbst noch nicht so aufrichtig daran glauben, wird Ihr Gehirn sich mit diesen Gedanken vertraut machen und deshalb auch öfter abrufen. Das bedeutet, Sie haben es selbst in der Hand! Es gehört viel Zeit und Übung dazu, aber wenn Sie es einfach satthaben, jedes Mal der Pessimist in der Runde zu sein, ständig unmotiviert zu sein oder einfach nur ein befreites und positives Lebensgefühl entwickeln wollen, dann steht Ihnen nichts im Wege außer Sie selbst. Dieses Buch zeigt Ihnen wie Sie es schaffen, der ständigen Negativität in Ihrem Kopf den Krieg zu erklären und ihn auch zu gewinnen! Worauf warten wir dann noch? Los geht's!

Der Umgang mit sich selbst

Sich selbst anzuerkennen ist einer der größten Bausteine, um positives Denken zu manifestieren. Wir werden ständig von irgendwelchen Menschen für unsere Taten bewertet. Davon machen wir in der Regel unser Wohlbefinden abhängig. Wenn der Chef uns lobt, haben wir einen guten Tag und gehen gut gelaunt nachhause. Kritisiert der Chef uns, verfallen wir meist in Selbstzweifel oder ärgern uns für unser Scheitern. Die Bewertung von außen kann unser Wohlbefinden stark beeinflussen. Dies nimmt Ihnen allerdings die Macht, sich selbst zu motivieren. Nur sehr wenige Menschen schöpfen Motivation aus einer Kritik. Stattdessen reagiert der Mensch auf Lob mit positiven Gefühlen. Dies liegt an der Erziehung. Ein Kind wird gelobt oder bestraft. Je nachdem, reagiert das Kind entweder positiv oder negativ. Dieses Verhaltensmuster zieht sich praktisch durch das ganze Leben. Bei Lob entwickeln wir positive Gedanken und bei Kritik neigen wir dazu, die negativen Dinge in unserem Kopf zu beleuchten. Wir reagieren also auf die äußeren Umstände und das sogar ziemlich empfindlich. Dabei sind die äußeren Umstände gar nicht so wichtig. Viel wichtiger ist die Interpretation dieser. Wie interpretieren Sie die negative Situation? Viele glauben, dass es ihnen nicht erlaubt sei positiv zu denken, aufgrund ihrer finanziellen Lage oder ihrer sozialen Defizite. Das ist ein häufiger Denkfehler. Es ist selbst in den allerschlimmsten Situationen möglich, positiv zu denken. Das Glück ist nicht nur den reichen und beliebten Menschen vorbehalten. Glück kann absolut jeder Mensch empfinden, egal wie benachteiligt er ist. Viele haben es allerdings nicht gelernt und wurden von der Außenwelt indoktriniert. Einige verfolgen auch die Philosophie, immer von dem Schlimmsten auszugehen. So ersparen sie sich die Enttäuschung. Was hierbei nicht bedacht wird ist, dass die Menschen bewusst Ihren Fokus auf den schlimmsten Ausgang der Situation lenken. Demnach werden Sie auch handeln. Dies bedeutet, wenn man immer vom Schlimmsten ausgeht, lenkt man die Situation unbewusst auf das Schlimmste. Man erspart sich zwar die potentielle Enttäuschung, aber insgeheim wünscht man sich dennoch, dass nicht das Schlimmste eintritt. Versuchen Sie also immer mehr motivierende Gedanken in Ihre Gedankenstrukturen zu integrieren. Egal wie schlimm die Situation auch sein mag, mit einer positiven Einstellung werden Sie mehr erreichen können, als mit einer negativen! Hierzu ein kleines Zitat:

„Achte auf Deine Gedanken, denn sie werden Worte.

Achte auf Deine Worte, denn sie werden Handlungen.

Achte auf Deine Handlungen, denn sie werden Gewohnheiten.

Achte auf Deine Gewohnheiten, denn sie werden Dein Charakter.

Achte auf Deinen Charakter, denn er wird Dein Schicksal.“

Von Negativem fernhalten

Falls Sie sich aus irgendeinem Grund schlecht fühlen, sollten Sie nicht versuchen es zu verdrängen. Jedes Gefühl hat eine Daseinsberechtigung. Der Mensch hat sich den Schutzmechanismus nicht umsonst über die Jahrhunderte aufgebaut. Negative Emotionen können uns einen Hinweis liefern oder uns daran erinnern, vorsichtiger zu sein. Dennoch sollten Sie negative Gedanken immer hinterfragen. Versuchen Sie jeden Gedanken so neutral wie möglich zu bewerten.

Im Allgemeinen sollten Sie sich von allem was Sie negativ beeinflusst fernhalten. Wenn Sie negativ beeinflusst werden, kann es der Nährboden für weitere negative Gedanken sein. Stellen Sie sich ein Glas Wasser vor. Dieses Glas steht sinnbildlich für Ihre Gedanken. Das Wasser in dem Glas ist klar und frei von jeglichen Verschmutzungen. Was passiert nun, wenn Sie Kaffee in das Glas hineinschütten? Richtig, es wird sich verfärben. Der Kaffee steht sinnbildlich für negative Gedanken. Je mehr Sie von dem Kaffee hineingeben, desto dunkler wird der Inhalt. Desto negativer werden auch Ihre Gedanken. Es braucht viel klares Wasser, bis der ganze Kaffee wieder aus dem Glas gespült werden kann. Genau das tun Sie, wenn Sie sich mit positivem beschäftigen und positive Affirmationen anwenden. Sie spülen die negativen Gedanken aus dem Kopf und schaffen Platz für positive Gedanken. Ich möchte hier auch nochmal betonen, dass das Ganze ein Prozess ist. Sie werden es nicht schaffen den Kaffee-

Wasser-Cocktail auf einmal aus dem Glas zu schütten und das Glas mit neuem klaren Wasser füllen. Das bedeutet, sie werden nicht von heute auf morgen alle negativen Gedanken auslöschen können. Sie werden allerdings den Reinigungsprozess Schritt für Schritt am Laufen halten, bis das Wasser klar und frei von Verunreinigungen ist.

Oft begegnen uns im Alltag schwierige Menschen, deren negatives Weltbild durchaus auf uns abfärben kann. Diese Menschen beklagen sich über jede Kleinigkeit. Sie finden immer etwas worüber sie sich ärgern können. Sei es, dass der Nachbar falsch geparkt hat oder das der Urlaub zu kurz war. Sie finden immer etwas. Sogar wenn den Personen etwas Gutes passiert, sind sie Meister darin, die negativen Dinge in den Vordergrund zu stellen. Hier liegt der Fokus ausschließlich auf den negativen Dingen. Diese Menschen fühlen sich dermaßen wohl in ihren negativen Gedanken, dass Ihnen eine positive Denkweise schon fast exotisch vorkommt. Diese Personen sind das klassische Beispiel dafür, dass der Mensch ein Gewohnheitsstier ist und sich an negative Gedanken gewöhnen kann. Lassen Sie sich blos keinen Kaffee in Ihr Glas schütten! Bei solchen Charakterzügen sollten Sie vorsichtig sein, denn es kann durchaus passieren, dass diese negative Einstellung auf Sie abfärben kann. Lassen Sie sich keinen Kaffee in Ihr Glas schütten! Je länger Sie mit diesen Menschen in Kontakt stehen, desto mehr werden Sie dazu neigen, deren Wirklichkeit als Ihre eigene anzusehen. Auch wenn positive Energie Unglaubliches bewirken kann, ist es die gesündere Methode sich von diesen Menschen fernzuhalten, anstatt zu glauben, diese Menschen zu einer positiven Denkweise missionieren zu können. Dies wird Ihnen noch mehr Energie rauben.

Dies klappt zum Glück auch andersherum. Wenn wir uns immer wieder an die positiven Aspekte erinnern, drücken wir die negativen Gedanken aus unserem Bewusstsein. So fühlen wir uns viel aufgeweckter und energiegeladener und können uns voller Motivation an unsere alltäglichen Aufgaben setzen. Unnötig zu erwähnen, dass die Ergebnisse natürlich weitaus qualitativer werden, als mit einer pessimistischen Herangehensweise. So wie Sie sich daran gewöhnt haben, jeden Tag früh aufzustehen, so können Sie sich auch angewöhnen positiv zu denken, auch wenn die Situation gerade aussichtslos erscheint. Es ist eine Sache der Wiederholung und Übung.

Fokus

Wie Sie nun sicherlich gelernt haben, erzielen Sie besser Ergebnisse mit einem positiven Mindset. Daher sollten Sie die Entscheidung fällen, positiv zu denken! Wie bereits erwähnt, müssen Sie proaktiv herangehen. Sie müssen sich überlegen, wo Sie Ihren Fokus hinlenken möchten. Lenken Sie Ihre Energie in eine negative Richtung, ist es klar, dass Sie dies nicht weiterbringen wird. Lenken Sie Ihre Energie hingegen in eine positive Richtung, werden sich viele Türen öffnen, von denen Sie nicht einmal gedacht hätten, dass es sie gibt. Wenn Sie sich auf die guten Dinge in einer Situation fixieren, schöpfen Sie Kraft, um das Problem zu lösen. Die Fokussierung auf die negativen Dinge bringt logischerweise das Gegenteil und Sie werden kaum Motivation haben überhaupt irgendetwas zu tun. Viele fühlen sich gelähmt und stecken den Kopf in den Sand. Das würde mit einer positiven Einstellung nicht passieren. Denken Sie also immer daran: Worauf Sie Ihren Fokus legen, kann Ihnen entweder Energie liefern oder Energie entziehen. Sie können sich bewusst dafür entscheiden was Ihnen lieber ist.

Jedem ist bestimmt schon einmal folgende Situation passiert:

Ein Freund sagt Ihnen, dass jemand schlecht über Sie gesprochen hat. Sie nehmen seine Aussagen ernst und legen Ihren Fokus auf diese Aussagen. Es macht sich ein Gefühl von Wut in Ihnen breit. Einige Zeit später finden

Sie heraus, dass es gelogen war. Diese Person hat gar nichts Negatives über Sie geäußert.

Die Emotionen die Sie zu dem Zeitpunkt empfunden haben, als sie die negative Nachricht erreicht hat, können Sie nicht rückgängig machen. Vermutlich haben Sie sich sogar Tage oder Wochen schlecht gefühlt und sich den Kopf zerbrochen. Dies bedeutet: Egal ob eine Situation real oder totale Fiktion ist, wenn wir uns darauf fokussieren, entwickeln wir Gefühle. Negative Gedanken erzeugen negative Gefühle. Dies sehen wir an diesem Beispiel ganz deutlich. Wenn wir uns noch auf diese negativen Gedanken fokussieren, entstehen weitere negative Gedanken und zusätzliche negative Gefühle. Wir lassen das negative Gedankenkonstrukt wachsen.

Es geht nicht darum, sich positive Dogmen in den Kopf zu prügeln. Vielmehr soll der Fokus vom Negativen hin zum Positiven verschoben werden. Nur so schaffen Sie sich einen klaren Himmel und drängen damit die dunklen Wolken aus Ihrem Horizont. Verwenden Sie Ihren Fokus daher für positive Dinge!

Sie selbst sind für Ihre eigene Gefühlslage verantwortlich. Sie können entscheiden ob Sie sich über etwas ärgern oder ob Sie es einfach sein lassen. Sie alleine entscheiden, wo Ihr Fokus hinzielt.

Falls Sie sich mal einen Horrorfilm angesehen haben, dann kennen Sie wahrscheinlich das Gefühl, wenn der Film vorbei ist. Vor dem Film waren Sie wahrscheinlich gespannt und hatten Vorfreude. Nach dem Film hören Sie plötzlich Geräusche im anderen Zimmer und malen sich gruselige Szenarien aus. Plötzlich bekommen Sie es mit der Angst zu tun, obwohl zwischen dem Gefühl vor dem Film und der Angstsituation nach dem Film lediglich ein paar bewegte Bilder lagen. Es braucht also nicht mal einen realen Menschen, um Gefühle in uns auszulösen. Ein Film reicht da schon vollkommen aus.

Wenn Sie sich also auf etwas Beängstigendes fokussieren, werden sich Ihre Gefühle dementsprechend in diese Richtung entwickeln. Wenn Sie sich allerdings auf etwas Spannendes fokussieren, werden Sie Gefühle von Euphorie verspüren. Unser Gehirn kann zwischen Vorstellung und tatsächlich Erlebtem nicht unterscheiden. Im Folgenden gibt es einige Tipps zur Umsetzung im Alltag:

Versuchen Sie sich immer in einem positiven Umfeld zu bewegen. Sie sollten immer darauf achten, welchen Einfluss Ihr Umfeld auf Sie hat. Es gibt die Theorie, dass Sie der Durchschnitt aus den 5 Menschen sind, mit denen Sie am meisten Zeit verbringen. Daher kommt auch der Spruch: „Zeig mir deine Freunde und ich sage dir wer du bist". Unterschätzen Sie daher nicht den Einfluss, den Ihr Umfeld auf Sie hat. Daher sollten Sie sich von den Menschen, die Ihnen positive Energie entziehen fernhalten. Selbst wenn es wunderbare Menschen sind, haben sie einen negativen Effekt auf Ihre eigene Gefühlslage.

Unterschätzen Sie ebenfalls nicht die Kraft der Medien. Diese können ebenfalls einen negativen Einfluss auf Sie haben. Je länger Sie sich von negativen Nachrichtenberichten berieseln lassen, desto mehr werden Sie glauben, dass nichts Gutes auf dieser Welt passiert. Sie leben in einer Blase in der es nur um die hässlichen Dinge der Welt geht. Daher sollten Sie verstärkt darauf achten, welche Art von Medien Sie konsumieren und welchen Effekt sie auf Sie haben.

Dankbarkeit gehört zu den stärksten Bausteinen, um einer negativen Gedankenwelt zu entfliehen. Am besten, Sie beginnen direkt nach dem Aufstehen damit. Führen Sie sich die Dinge vor Augen, für die Sie dankbar sind. Versuchen Sie ernsthaft, sich fünf bis zehn Minuten auf die Dinge zu fokussieren, für die Sie dankbar sind. Auch wenn diese Dinge schon lange selbstverständlich geworden sind. Sehr viele Menschen wünschen sich diese Dinge. Etwa 2,2 Milliarden Menschen haben keinen Zugang zu sauberem Wasser. Das ist fast ein Drittel der Weltbevölkerung. Allein für den Umstand, dass Sie dieses Buch lesen können sollten Sie dankbar sein, denn etwa 781 Millionen Menschen können dies nicht, weil Sie weder Lesen noch Schreiben gelernt haben.

Sie empfinden ein bewussteres Lebensgefühl, wenn Sie sich immer wieder an die Sachen erinnern, für die Sie dankbar sein können.

Ein weiterer Tipp ist der Perspektivwechsel. Oft nehmen wir Menschen uns einfach zu wichtig. Wir nehmen uns selbst viel zu ernst. Alles was auf dieser Welt passiert, hat eigentlich keine Bedeutung. Alles ist neutral! Wir als Menschen, geben den Dingen erst eine Bedeutung. Falls Sie also das nächste Mal den Bus verpassen, sollten Sie sich nicht ärgern denn natürlich kommen Sie nun einige Minuten später zu dem Termin, allerdings kommen Sie heil und gesund an, was viel wichtiger ist, als pünktlich zu sein. Geben Sie den Dingen eine neue Bedeutung und Sie werden erstaunt sein, wie plötzlich die negativ-assoziierten Dinge langsam an Bedeutung verlieren. Sie können natürlich wieder entscheiden, welchen Dingen Sie welche Bedeutung geben.

Falls Sie sich überfordert mit der Umsetzung fühlen, habe ich für Sie noch einen Tipp, der sofort umsetzbar ist:

Machen Sie sich eine Erinnerung auf dem Handy, sodass Sie mehrere Male am Tag kurz in sich gehen, um den Fokus zu kontrollieren. Machen Sie sich bewusst, worauf Sie Ihren Fokus momentan legen. Denken Sie darüber nach, ob Ihre Gedanken Sie gerade weiterbringen. Vielen Menschen ist nämlich gar nicht bewusst, welche Gedanken sie am Tag haben. Daher können sie sich auch nicht erklären, woher ihre negative Grundstimmung stammt. Je öfter Sie sich aber bewusstmachen, welche Gedanken durch Ihren Kopf schwirren, desto leichter wird es für Sie, den inneren Dialog nachzuverfolgen und die Wurzeln der negativen Gedanken ausfindig zu machen.

Realität akzeptieren

Positives Denken kann die Realität nicht verändern. Ein trauriger Todesfall in der Familie lässt sich auch durch positives Denken nicht wieder rückgängig machen. Positives Denken kann daher auch schlechte Auswirkungen haben, wenn Sie krampfhaft daran glauben, dass etwas eintritt, nur, weil Sie positiv darüber gedacht haben. Es ist wichtig die Situation so objektiv wie möglich zu betrachten. Sie müssen auch nicht Schauspielern, um irgendetwas zu verdrängen. Nehmen Sie also erst einmal alle Faktoren der negativen Situation wahr. Erst dann können Sie damit beginnen, die positiven Aspekte zu priorisieren. Dies differenziert den Optimisten von dem Pessimisten. Der Pessimist tut das genaue Gegenteil und beleuchtet die negativen Punkte der Situation, was zu noch mehr negativen Gedanken führt. Erst wenn man die ungeschönte Wahrheit auf dem Tisch liegen hat, kann man sich um die positiven Aspekte kümmern. An der Realität lässt sich nichts ändern und Sie müssen sie auch genauso wahrnehmen, wie Sie stattfindet. Hier ein paar Fragen, die Sie sich bei negativen Situationen stellen sollten:

- Welche Punkte kann ich als positiv bewerten?
- Was kann ich für eine Erfahrung aus dieser Situation ziehen?
- Gibt es potentielle Vorteile?

Diese Fragen steuern Ihren Fokus in eine positive Richtung. Natürlich sollten Sie dies üben, bis es sich in Ihren Gedanken verankert. Denken Sie auch immer daran, dass aus jeder negativen Situation etwas Positives entstehen kann. Harte Zeiten veranlassen meistens, dass der Mensch sich ändert. Die Realität ist so, wie Sie ist. Wir können sie nicht ändern. Wir können lediglich unseren Blick auf die Situation ändern, was uns mehr Energie liefert, um neue Situationen anzugehen. Egal wie schlimm etwas ist, Sie benötigen Geistesgegenwart und viel Energie, um ein Problem zu lösen. Über beides verfügen Sie nur, wenn Sie in einem positiven Gemütszustand sind. Trainieren Sie sich selbst in einem positiven Gemütszustand zu bleiben, auch wenn alles andere dagegenspricht.

Entwicklung

Das Leid, welches wir empfinden, sobald wir etwas verlieren, ist immer mindestens doppelt so groß wie die Freude, sobald wir etwas Gewinnen. Das mag vielleicht etwas verwirrend klingen, aber lassen Sie es mich näher erläutern.

Angenommen Sie sind in einem Lokal und spielen Darts mit einem Freund. Stellen Sie sich vor, Sie würden das Match gewinnen. Wie groß wäre das Gefühl der Freude?

Nun stellen Sie sich vor, Sie verlieren gegen Ihren Kollegen. Wie sehr würden Sie sich ärgern?

Natürlich ist ein Spiel zu verlieren nicht besonders ärgerlich aber übertragen wir dieses Beispiel auf das Leben, so wird klar, dass man den Verlusten und den verbundenen Gefühlen weitaus mehr Aufmerksamkeit schenkt, als den Dingen, die man als Gewinne verzeichnen kann. Vor allem hält die Freude bei Gewinnen nicht lange an, wohingegen das Leid bei Verlusten in der Regel eine lange und prägende Zeit nach sich zieht.

Selbst wenn Sie 500 Komplimente am Tag bekommen würden. Wenn nur ein negatives Wort fällt, erstickt es alle Komplimente im Keim. Wir geben dem Negativen ein derartiges Spotlight, dass alles Positive buchstäblich im Schatten steht. Hier muss man sich vor Augen führen, dass die Gedanken, unsere Gefühle formen. Die Gefühle formen unsere inneren Überzeugungen, mit denen wir durch unser Leben gehen. Geben wir also dem Negativen zu viel Raum, so werden wir das wohl oder übel zu spüren bekommen. Für diese unverhältnismäßige Analogie kann es verschiedene Gründe geben. Eventuell kann in der Vergangenheit etwas Schwerwiegendes passiert sein, wodurch der Glaube an das Gute sehr beeinträchtigt wurde. Es könnte auch daran liegen, dass man sowieso die Neigung entwickelt hat, eher zum Negativen zu tendieren, um sich die potentielle Enttäuschung zu sparen.

Sobald man motiviert ist, etwas Neues zu beginnen, so werden unweigerlich erste Zweifel auftreten. Gedanken wie: „Das werde ich nicht schaffen" blockieren Sie bei der Realisierung Ihrer Ziele. Solche Gedanken zeigen uns, dass vergangene, negative Erlebnisse immer noch ihre Wirkung zeigen. Um sich davon frei zu machen, müssen Sie auf eine positive Entwicklung abzielen. Weil wir uns die negativen Denkweisen sehr früh angeeignet haben, fällt es uns leicht in ein negatives Denkmuster zu fallen. Sie werden über bestimmte Abläufe negativ Denken, weil Sie es bis jetzt immer so gemacht haben. Negative Denkweisen werden quasi zu einer eigenen Tradition. Als Kind handeln wir noch nicht so bewusst wie im Erwachsenenalter. Hier wurde uns gezeigt was wir falsch machen, was uns verboten ist und für welche Taten wir uns schämen müssen. Daraus resultiert, dass Ihnen als Kind schon Negativität ins Gehirn gepflanzt wurde. Diese Negativität tragen Sie bis heute in sich, obwohl Sie nicht mehr gegenwärtig ist. Diese Gefühlslage entsteht aber nur, weil wir uns darauf so sehr fokussieren. Sie sollten sich im Klaren darüber sein, dass Sie auswählen können welchen Gedanken Sie bevorzugen. Falls ein Gedanke einen schlechten Effekt auf Sie haben sollte, können Sie sich immer noch für einen anderen entscheiden. Es wird zu Ihrer Realität, wenn Sie Ihren Fokus darauflegen. Unser Bewusstsein ist gar nicht in der Lage, alle schönen Dinge bewusst wahrzunehmen. Erst recht nicht wenn der Fokus genau auf dem Gegenteil liegt. Um das Bewusstsein dahingehend zu trainieren, auch die schönen Dinge des Lebens bewusst wahrzunehmen, gibt es Übungen. Eine davon ist Folgende:

Jedes Mal, wenn Ihnen etwas Gutes passiert, stecken Sie ein Cent-Stück in die linke Hosentasche. Das tun Sie den ganzen Tag über. Am Ende des Tages, holen Sie alle Cent-Stücke aus Ihrer Hosentasche heraus und versuchen sich an jeden Moment zu erinnern.

Bei dieser Übung wird der Fokus bewusst auf die positiven Dinge gelegt. Sie werden regelrecht gezählt, sodass Sie am Ende des Tages sehen können, wie viele Erlebnisse Sie als positiv bewertet haben. So haben Sie eine Möglichkeit, Ihre positiven Erlebnisse physisch zu symbolisieren. Sollte auch nur ein Cent-Stück in die linke Hosentasche wandern, so hat sich der Tag für Sie gelohnt. So wird Ihnen erst einmal auffallen, wie viel Gutes der Tag mit sich gebracht hat. Versuchen Sie es ein paar Tage. Nach einiger Zeit brauchen Sie die Cent-Stücke nicht mehr und Ihnen werden die positiven Dinge viel bewusster auffallen. Sie dürfen die Kleinigkeiten allerdings nicht vernachlässigen. Es reicht aus, wenn Ihnen die Sonne ins Gesicht strahlt oder Sie eine schöne Zeit mit Ihren Liebsten verbringen. Sie erledigen Ihre Alltagsaufgaben erfolgreich? So wandert auch dann ein Cent in die Tasche. Das sind die schönen Momente aus denen wir Kraft schöpfen. So können Sie ihr Glück greif- und sichtbar machen. Anstatt die guten Momente an sich vorbei ziehen zu lassen, fangen Sie sie auf und profitieren Sie von Ihnen. Natürlich brauchen Sie auch hierfür etwas Zeit, bis sich die Denkweise auf Ihr Bewusstsein überträgt, allerdings wird diese Technik Ihnen sichtbare Erfolgserlebnisse liefern. Denken Sie immer daran: Sie müssen sich dafür entscheiden positiv zu denken. Andernfalls werden Sie nicht genügend Überzeugung entwickeln, um die Techniken und Denkweisen lange genug umzusetzen, bis sie in Fleisch und Blut übergehen.

Ängste

Ängste belasten uns in unserem alltäglichen Leben doch beachten Sie folgendes: Sobald wir eine Angst verspüren, versetzen wir uns in die Gefühlslage einer Situation, die nicht real ist. Die Situation vor der wir uns also fürchten entsteht nur in unserem Kopf. Sie ist nicht existent! Angst ist der Zweifel an dem Ergebnis. Sie entsteht dann, wenn wir uns vor unserem inneren Auge vorstellen, welch negatives Resultat eine Situation haben könnte. Was wir dabei vernachlässigen ist, dass es in 90% der Fälle nicht so eintritt, wie wir uns es vorstellen. Angst steht immer in Verbindung mit der Zukunft. Wir integrieren etwas kontraproduktives in unsere jetzige Realität, wovon wir nicht einmal wissen, ob es überhaupt relevant ist. Wir fühlen uns aber schon so, als wäre das Worst-Case-Szenario bereits eingetreten. Eine Methode, um mit den Ängsten umzugehen wäre, alle Ängste einmal aufzuschreiben. Haben Sie sich erst einmal alle Ängste von der Seele geschrieben, werden Sie schon eine Entlastung spüren können. Weiterhin haben Sie nun eine Liste, in der genau aufgelistet ist, was Sie im Leben belastet. Falls Sie feststellen möchten, welche Angst bei Ihnen die stärkste ist, sortieren Sie Ihre Ängste und nummerieren Sie sie. Anhand dieser Liste können Sie dann sehen, an welchen Dingen Sie am meisten feilen müssen.

Um die Waage auszugleichen, schreiben sie zusätzlich Ihre positiven Gedanken auf, die Sie am stärksten finden. Schreiben Sie jede Einzelheit Ihres Gedankens auf, denn jeder noch so kleine Schritt, führt Sie näher zu Ihrem Ziel. Dies führt dazu, dass Sie Ihre Seele entlasten. Sie bringen die Belastung Ihrer Seele praktisch auf das Papier. Halten Sie ebenfalls Ihre positiven Glaubenssätze auf dem Papier fest und jedes Mal, wenn Sie diesem Glaubenssatz ein Schritt nähergekommen sind, malen Sie die Blüte einer Blume auf. Das tun Sie so lange, bis die Blume komplett ist und keine Blüte fehlt. Dies dient als visuelle Motivation und erinnert Sie immer daran, weiter zu kämpfen, denn irgendwann soll die Blume natürlich all Ihre Blüten haben. Wenn Sie es beispielsweise schaffen eine Ihrer Ängste zu besiegen, können Sie ebenfalls eine Blüte zu Ihrer Blume zeichnen. Wenn alle Blüten vollständig sind, malen Sie eine neue Blume!

Eine weitere gute Visualisierung ist es, sich einen leeren Raum vorzustellen. Wieviel Raum wollen Sie den negativen Dingen überlassen? Wollen Sie den ganzen Raum mit Negativität füllen oder sagt es Ihnen eher zu, den Raum mit etwas Leben zu füllen. Stellen Sie sich vor, Sie stehen in einem großen, leeren Zimmer. Nun können Sie entscheiden, wieviel Negativität Sie in den Raum lassen möchten. Sollen Ihre Möbel wirklich hässlich, alt und sperrig sein? Und wie viele möchten Sie von diesen hässlichen Möbeln haben? Sollen Sie den ganzen Raum einnehmen? Möchten Sie den Raum nicht mit schönen Dingen dekorieren?

Sie sollten sich immer daran erinnern, den positiven Dingen mehr Raum zu geben als den Negativen. Wie bereits erwähnt, kennen wir es von der Kindheit nicht anders, sodass wir reflexartig immer eher zu einer negativen Denkweise tendieren. Das Ziel sollte sein, diese Reflexreaktion umzukehren und eine automatisierte, positive Umgangsweise mit negativen Vorkommnissen anzustreben. Dies erreichen Sie allerdings nur mit viel Übung, Fleiß und Routine.

Umsetzung

Sie werden es nicht schaffen, ihre Situation zu ändern, wenn es nur bei den Gedanken bleibt. Dies wird nicht genug sein, um eine nachhaltige Veränderung zu realisieren. Es ist unbedingt nötig, die Träume in ein Verhältnis mit dem echten Leben zu setzen. Träume sollen ja schließlich keine Träume bleiben, sondern mit der Zeit zu Ihrer Realität werden. Zu den Taten kommt es erst, wenn Sie den Willen haben, die Herausforderungen anzunehmen und diese auch zu überwinden. Natürlich ist es erst einmal sinnvoll, über die aktuelle Sicht auf Ihr Leben nachzudenken. Weiterhin sollten Sie davon überzeugt sein, dass es sinnvoller ist, ein Lächeln aufzusetzen. Hierzu braucht es aber einiges an Zeit, bis die Überzeugung in Ihr Inneres durchdringt. Allein der Blickwinkel, kann schon darüber entscheiden, wie Sie eine Situation interpretieren. Im Allgemeinen, projizieren wir die eigenen Lebensstrukturen auf die erlebte Lebenssituation. Schauen wir uns folgendes Szenario mal an:

Sie laufen unbekümmert über die Straße. Auf der anderen Straßenseite sehen Sie einen Bettler. Ein hasserfüllter Mensch würde über den Bettler herziehen und keinen einzigen positiven Gedanken entwickeln können. Er würde sich wahrscheinlich sogar darüber ärgern, dass er Steuern zahlen muss, um die Arbeitslosen zu ernähren.

Ein Mensch, der eher depressiv ist, würde vermutlich erst einmal innehalten und sich Gedanken über die verkommene Gesellschaft machen. Er würde sich fragen, was in der Gesellschaft falsch läuft und warum Menschen überhaupt auf der Straße leben müssen.

Ein anderer Mensch würde sich vielleicht überhaupt nichts denken.

Anhand dieser Beispiele, lässt sich feststellen, dass wir die Welt nur durch unsere eigenen Augen betrachten können. Wir können nicht wissen, was in den Köpfen anderer Menschen vor sich geht, weshalb wir immer vorsichtig mit unseren Aussagen sein müssen. Ein und dieselbe Aussage kann einen Menschen zum Lachen und einen anderen wiederrum zum Weinen bringen. Machen Sie sich das bewusst! Weiterhin sollte Ihnen bewusstwerden, dass Ihre Sichtweise nicht die einzige Sichtweise ist! Jeder Mensch hat andere Assoziationen und Verknüpfungen. Falls wir also negative Assoziationen an uns bemerken, so werden sie uns durch unser ganzes Leben verfolgen, bis wir aktiv etwas dagegen tun. Negative Assoziationen müssen durch positive Assoziationen ersetzt werden. Nur so machen Sie den negativen Gedanken einen Strich durch die Rechnung.

Jedes Jahr, machen wir das gleiche durch: Pünktlich zu Silvester machen wir uns gedanklich eine Liste von Dingen, die wir im neuen Jahr verbessern wollen. Alle bekommen einen Motivationsschub und machen Ihre Veränderung von einem Datum abhängig. Die traurige

Wahrheit ist allerdings, dass über 80% ihre Neujahrsvorsätze nach etwa 5 Tagen aufgeben. Genau da endet der Motivationsschub. Einige versuchen es weiter, doch meistens nimmt die Motivation sehr schnell ab und sie geben ihre Vorsätze auf.

Ein guter Tipp, um das Aufgeben zu vermeiden ist, sich immer wieder daran zu erinnern, weshalb man überhaupt angefangen hat. Das Motiv ist von sehr großer Bedeutung und im Endeffekt dafür verantwortlich, wie lange Sie bei einer Sache dranbleiben. Wiederholen Sie positive Affirmationen im Kopf und schauen Sie sich Ihre stärksten positiven Gedanken noch einmal an. Wenn Sie bereit dafür sind, genug Energie in etwas zu stecken, dann ist alles möglich. Leider steht diese Energie nicht unbegrenzt zur Verfügung. Anstatt also Ihre wertvolle Energie in Negativität zu stecken, wo sie anschließend ganz einfach verpufft, schöpfen Sie Energie aus Ihren positiven Gedanken. Wachsen Sie an Ihren täglichen Herausforderungen, denn nur dafür sind Sie da! Herausforderungen haben nur den Sinn, dass stärker zu werden. Ein Problem ist erst dann ein Problem, wenn Sie es zu einem Problem machen! Achten Sie auf Ihre Sichtweise und trainieren Sie sich eine positive an!

Sie haben die Kraft jede Herausforderung mit Bravur zu meistern!

Anziehung

Ja, es stimmt. Wenn Sie dauerhaft positiv denken, werden Sie auf lange Sicht Positives anziehen. Forscher haben herausgefunden, dass es bestimmte Techniken gibt, mit denen man die Produktion von Glückshormonen im Körper anregen kann, sodass man sich gut fühlt. Sobald man sich gut fühlt, stehen die negativen Dinge nicht mehr im Fokus.

Dies bedeutet aber nicht, dass Sie positiv denken und Ihnen wird auf der Stelle etwas Gutes passieren. Es hält Sie lediglich davon ab negativ zu denken, um ein besseres Lebensgefühl zu gewinnen. Was für eine Macht, das Gesetz der Anziehung in sich birgt, ist gar nicht so schwer zu verstehen, wenn man sich einmal klar macht worauf es ankommt. Die zwei häufigsten Fehler die dabei begangen werden, werde ich zunächst einmal ansprechen bevor wir zu dem eigentlichen Gesetz kommen.

Zu aller erst sollten Sie realisieren, dass das Gesetz der Anziehung kein Wunschkonzert darstellt. Sie dürfen also nicht davon ausgehen, dass Ihnen etwas vom Himmel zugeflogen kommt, weil Sie intensiv darüber nachdenken. So funktioniert es leider nicht. Viele haben eine zu hohe Erwartungshaltung. Daraus resultiert Leid und Enttäuschung. Stets seiner Erwartung hinterherzujagen, ohne sie letztendlich zu erreichen, raubt Ihnen nur wertvolle Energie. Deswegen glauben viele, dass dieses Gesetz nicht funktioniert. Das Gesetz liefert Ihnen nichts von außen. Es reflektiert lediglich, was bereits in Ihrem Inneren stattfindet. Stellen Sie sich das Gesetz eher wie einen Bumerang vor. Das, was Sie in die Welt geben, das werden Sie auch zurückbekommen. Viele bezeichnen dieses Phänomen auch als „Karma". Das Gesetz der Anziehung liefert Ihnen also das, was längst in Ihnen ist. Es stellt einen Reflektor der eigenen innerlichen Gedankenwelt dar. Ihr Inneres wird nach außen projiziert und umgekehrt. Ob bewusst oder unbewusst. Sie werden das ernten was Sie sähen.

Der zweite häufige Denkfehler, der häufig begangen wird ist zu glauben, dass man eine bestimmte Schwingung benötigt, um die Wünsche zu manifestieren. Dies stimmt nur teilweise, denn Sie müssen absolut nichts lernen. Sie müssen sich lediglich davon verabschieden, was Sie davon abhält die richtige Frequenz zu treffen. Das Gute liegt bereits in Ihrer Kernnatur. Gefühle wie Begeisterung, Enthusiasmus und Leichtigkeit liegen bereits in Ihnen. Sie sind nur von einer dunklen Decke der Negativität bedeckt. Viele unterschätzen die Stärke der Vorstellungskraft. Die Vorstellungskraft erlaubt es Ihnen, Ihrer persönlichen Kernnatur näher zu kommen. Sie können sich intensiv in den Bewusstseinszustand versetzen, in dem Ihre Wünsche bereits erfüllt sind. Hierbei ist zu beachten, dass Sie sich nicht an der Vorstellung festbeißen sollten. Sie müssen viel Geduld mitbringen, wenn Sie große Ziele haben. Allein durch die Vorstellung, können Sie sehr viel Energie schöpfen, was Sie auf dem Weg zu Ihrem Ziel gut gebrauchen können. Führen Sie sich vor

Augen, dass alles was Sie bekommen werden, sowieso viel besser sein wird, als Sie es sich vorstellen können. Dies verleiht Ihnen ein positives Grundgefühl. Visualisieren Sie Ihre Ziele! Stellen Sie sich alles so detailreich wie möglich vor. Was möchten Sie genau? Hat man sich erst einmal ein Ziel festgelegt, ist klar wohin die Reise geht, denn zu einem Ziel gehört auch immer eine Reise. Wenn Sie also beispielsweise davon träumen, an Gewicht zu verlieren, dann stellen Sie sich vor, dass Sie bereits einen durchtrainierten Körper haben. Stellen Sie sich vor, welche Kleidung Sie dann tragen würden, wie Sie stolz in den Spiegel schauen und sich im Sommer bräunen. Welches Essen würden Sie essen? Welche Hobbys würden Sie haben? Je mehr Sie sich vorstellen können desto besser. So entstehen die richtigen Gedanken, die Sie dazu bringen, Ihrem Ziel näher zu kommen. Bringen Sie viel Geduld mit! Erst mit der Zeit werden Sie sich auf den Modus einpendeln, der Sie zu Ihrem persönlichen Erfolg führt. Dies hat absolut nichts damit zu tun, dass Sie auf irgendetwas warten müssen. Wenn Sie sich dabei erwischen, wie Sie sehnsüchtig darauf warten, dass das Gewünschte eintritt, dann ist es ein Indikator dafür, dass dies nicht der richtige Weg ist. Verlieren Sie sich nicht in der Vorstellung, sondern nutzen Sie diese, um Ihrem Ziel näherzukommen. Rückschläge gehören natürlich dazu, deshalb lassen Sie sich davon nicht verunsichern. Jeder Weg zum Erfolg bringt Gegenwind mit sich. Mit den Visualisierungen stärken Sie die Ambition, dem Ziel ehrgeizig nachzueifern. Wenn Sie sich selbst bemitleiden, werden Sie keinen Finger rühren. Nicht zu stagnieren, ist der Schlüssel zum Erfolg denn slow progress is still progress! Also selbst wenn Sie nur langsam vorankommen, ist es immer noch ein Fortschritt.

Natürlich spielt der soziale Aspekt bei dem persönlichen Glück ebenfalls eine entscheidende Rolle. Viele Menschen fragen sich: Wie wirke ich interessanter? Wie lerne ich sympathisch zu sein? Wie schaffe ich es aus der grauen Masse herauszustechen? Wie schaffe ich es die Aufmerksamkeit auf mich zu ziehen? Wie schaffen es die erfolgreichen Menschen? Wie schaffe ich es den Fokus nicht zu verlieren, um mein Ziel zu erreichen? Was muss ich tun, um eine positive Ausstrahlung zu bekommen? Worauf kommt es wirklich an?

Natürlich kann man alle diese Fragen nicht pauschal beantworten. Ich möchte Ihnen allerdings einige Möglichkeiten zeigen, wie Sie sympathischer und attraktiver auf Ihr Umfeld wirken. Jeder Mensch ist natürlich individuell und die Techniken lassen sich nicht auf jede Situation übertragen. Es gibt aber dennoch einige fundamentale Bausteine, die zu beachten sind, um eine positive Ausstrahlung zu entwickeln, von denen die Menschen in Ihrem Umfeld nicht genug bekommen werden.

Sicherlich kennen Sie Menschen, die den Raum betreten und eine gewisse Aura ausstrahlen. Sie betreten den Raum und übertragen ein Gefühl. Auf der anderen Seite gibt es wiederrum die Art von Mensch, die den Raum betritt und niemand bemerkt es. Was ist der signifikante Unterschied zwischen diesen beiden Menschen? Es ist Ihre Ausstrahlung!

Menschen sind absolut individuell. Selbst Zwillinge können komplett verschiedene Charaktereigenschaften aufweisen. Der eine ist eher introvertiert, während der andere laut und offen sein kann. Man kennt Menschen, die sich gerne für andere Menschen interessieren aber auf der anderen Seite hat man auch den ein oder anderen Egoisten kennengelernt. Wie schafft man es bei dieser großen Individualität, dennoch auf einen Großteil seines Umfelds sympathisch zu wirken. Wie funktioniert Sympathie? Wie können Sie es schaffen, Ihre Mitmenschen mit Ihrer positiven Ausstrahlung in einen Bann zu ziehen. Sie treffen jeden Tag die verschiedensten Menschen. Einige von Ihnen versprühen geradezu ihre Energie. Sie wirken sofort sympathisch und bekommen mehr Beachtung. Ihr erster Eindruck wirkt sehr sympathisch. Im Gegensatz dazu gibt es Menschen, die allein durch Ihre Anwesenheit die Stimmung sehr nach unten ziehen können. Ob man nun sympathisch wirkt oder nicht ist absolut nicht zufällig. So wie Sie sich selbst wahrnehmen, so wirken Sie auf die Menschen. Wenn Sie fest davon überzeugt sind, dass andere Menschen Ihre Gesellschaft genießen, wird sich automatisch Ihre Verhaltensweise ändern. Das passiert ganz natürlich. Sie werden merken, dass Sie viel warmherziger und angenehmer von Ihren Mitmenschen wahrgenommen werden. So entsteht Sympathie! Ein freundlicher und aufgeschlossener Geist, führt zu einem positiven Wohlbefinden. Dieser Effekt tritt natürlich ebenso ein, wenn Sie nervös oder verzweifelt sind. Dieses Gefühl werden Sie ebenso nach außen tragen, worunter die Sympathie erheblich leidet. Anstatt also freundlich und aufgeschlossen zu sein, verhalten Sie sich kalt, was Ihre Mitmenschen dazu veranlasst, eine gewisse Abneigung gegenüber Ihnen zu entwickeln. Selbstverständlich können Sie es nicht komplett vermeiden, mal nervös zu sein. Was können Sie in solchen Situationen tun? Hierzu ein kleines Beispiel:

Angenommen Sie haben eine wichtige Präsentation vor sich. Allein der Gedanke an diesen Tag macht Sie nervös. Um die Menschen zu überzeugen, möchten Sie mit einer positiven Grundhaltung an die Sache herangehen. Es hilft natürlich, sich ausgiebig vorzubereiten und die Präsentation zu üben. Dadurch sinkt Ihre Nervosität bereits. Was aber viel wichtiger ist, ist sich Gedanken darüber zu machen, welches Gefühl Sie vermitteln möchten. Was möchten Sie bei Ihrem Publikum erreichen? Visualisieren Sie die Situation. Wie reagiert das Publikum auf Sie? Führen Sie sich vor Ihrem geistigen Auge, wie begeistert das Publikum von Ihnen sein wird.

Dieses Gefühl, was Sie haben, wenn Sie sich diese Situation vorstellen, ist genau das Gefühl, was Sie Ihrem Publikum übermitteln werden. Wenn Sie dabei ein schlechtes Gefühl haben, so werden Sie dieses schlechte Gefühl auch auf Ihre Zuhörerschaft übertragen. Deshalb ist es so wichtig, immer mit einer positiven Grundstimmung an schwierige Situationen heranzutreten. Genau das entscheidet darüber, ob Sie eine positive oder eine negative Ausstrahlung haben. Lassen Sie sich also nicht von Ihren eigenen Dämonen einholen und trauen Sie sich, sich

selbst in schwierigen Situationen, immer wieder Mut zu-
zusprechen. Stellen Sie sich folgende Frage: „Welche innere Einstellung ist nötig, um das gewünschte Gefühl bei
der Audienz auszulösen?" Anschließend versetzen Sie
sich in den Bewusstseinszustand und legen los! Haben
Sie eine positive Grundeinstellung, können Sie praktisch
nur gewinnen.

Was macht eine interessante Persönlichkeit aus?

Wenn man es auf eine Eigenschaft herunterbricht, dann ist es die, die große und einzige Ausnahme zu sein. Aufgaben zu schaffen, die andere nicht schaffen. Jeder Mensch hat seine eigenen individuellen Probleme. Schaffen Sie es aber, selbst in den schwierigsten Zeiten den Kopf oben zu behalten, so wirkt das extrem attraktiv. Ja, positives Denken macht sexy! Sehen Sie Probleme nicht als unüberwindbare Mauern. Sehen Sie sie als Herausforderungen, an denen Sie wachsen und sich weiterentwickeln. Diese Denkweise gehört zu den attraktivsten überhaupt, da jeder Mensch mit Problemen zu kämpfen hat. Sie aber stehen darüber, da Sie wissen, dass Sie jedes Problem lösen werden. Seien Sie der Vogel, der sich auf seine Flügel verlässt und nicht auf den Zweig auf dem er sitzt. Der Zweig kann nämlich früher oder später brechen! Verlassen Sie sich auf Ihr eigenes Können und seien Sie sich sicher, dass Sie alle Probleme überwinden können, wenn Ihr Wille stark genug ist. So schaffen Sie es Ihr Leben auf die nächste Stufe zu bringen und nicht zu stagnieren. Drücken Sie sich nicht vor unangenehmen Dingen, sondern stürzen Sie sich regelrecht darauf. Es kann Sie nur stärker machen! Diese Einstellung wirkt stark anziehend!

Haben Sie sich schon einmal die Frage gestellt, weshalb Gold so teuer ist? Natürlich es ist selten, robust und optisch sehr schön. Diese Analogie lässt sich ebenso auf den Menschen übertragen. Wir fühlen uns immer zu jemandem hingezogen, der etwas kann, was wir nicht können. Das finden wir faszinierend. An dieser Stelle möchte ich betonen, dass Sie keine ungewöhnlichen Hobbys haben müssen um eine faszinierende Ausstrahlung zu haben. Sie müssen nicht die Welt bereist haben oder Bungee-Jumping betreiben, um interessant zu wirken. Es gibt Charaktereigenschaften die eine viel größere Gewichtung haben wie beispielsweise: Humor, Selbstständigkeit, Selbstbewusstsein, Hilfsbereitschaft oder Konsequenz. Wichtig ist auch, dass Sie nicht allem zustimmen und eine gefestigte Meinung besitzen. Dies gibt Ihnen Sicherheit und einen festen Standpunkt. Sein Sie kein Fähnchen im Wind und sagen Sie es ruhig, wenn Ihnen etwas gegen den Strich geht. Das wirkt viel attraktiver als jemand, der hofft, dass er jeder Konfrontation aus dem Weg gehen kann. Zeigen Sie Ihren Charakter mit allen Ecken und Kanten und ohne Rücksicht auf Verluste!

Kommunikation

Die korrekte Kommunikation ist eine weitere Fähigkeit, die in dem Repertoire einer interessanten Persönlichkeit vorhanden sein muss. Die Kommunikation wirkt sich darauf aus, wie gut Sie Kontakte knüpfen können. Jeder hätte gerne einen großen Freundeskreis, auf den er sich verlassen kann. Beruflich, wie auch im Privatleben ist eine gut funktionierende Gemeinschaft etwas sehr Wertvolles. Wie erreicht man dies?

Witz, Charme und Intelligenz sind die Attribute die häufig genannt werden. Diese Eigenschaften decken allerdings nicht alles ab. Viel wichtiger ist es, sich für andere Menschen zu interessieren! Jeder Mensch genießt es, Aufmerksamkeit zu bekommen. Wenn Sie einem Menschen also aufmerksam zuhören, wirken Sie automatisch viel sympathischer. Oft ist die Rede von „aktivem Zuhören". Damit ist gemeint, dem Gegenüber ein wirklich echtes Interesse zu zeigen. Dies können Sie realisieren, in dem Sie Fragen stellen, die Sie wirklich interessieren. Ein gutes Tool sind „offene Fragen". Die erlauben Ihrem Gesprächspartner ausführlich zu antworten und ein Gespräch anzuregen. Es ist von äußerster Wichtigkeit, kein gespieltes Interesse zu zeigen. Ihr Gegenüber wird dies schnell bemerken und kein Interesse mehr an einem Gespräch haben. Schauen Sie nicht auf Ihr Handy während Sie in einer Konversation sind. Damit suggerieren Sie, dass andere Dinge gerade wichtiger für Sie sind.

Geizen Sie nicht mit Lob! Finden Sie etwas, was Sie bei Ihrem Gesprächspartner loben können! Stellen Sie besondere Fähigkeiten Ihres Gegenübers in den Vordergrund. Das gibt ihm ein gutes Gefühl und er wird das Gespräch als positiv beurteilen.

Nun möchte ich Sie vor drei Fallen warnen, die bei Kommunikationen häufig auftreten.

Die erste Falle ist, dass die Erzählung von dem Gesprächspartner Sie an ein Erlebnis erinnert, was Sie unbedingt erzählen möchten. Die Folge davon ist meistens, dass Sie unterbrechen und Ihre Geschichte erzählen. Behalten Sie am besten, was Sie erzählen möchten, bis Ihr Gesprächspartner seine Geschichte abgeschlossen hat.

Die zweite Falle die häufig auftritt ist das Übertrumpfen. Angenommen Ihr Arbeitskollege erzählt von seinem Urlaub in Spanien. Sie degradieren seine Urlaubserlebnisse, in dem Sie von Ihrem großartigen Amerikaaufenthalt erzählen. Dies ist das komplette Gegenteil von Sympathie. Es wirkt protzig und absolut unangebracht. Dies veranlasst ihren Kollegen dazu, sich demnächst einen anderen Gesprächspartner zu suchen. Freuen Sie sich stattdessen für Ihren Kollegen und erzählen Sie nur von Ihrem Amerikaaufenthalt, wenn er es wirklich wissen möchte.

Der dritte Fehler hängt gleichzeitig mit Höflichkeit zusammen. Lassen Sie ihren Gesprächspartner immer aussprechen. Auch wenn Sie das Gesagte nicht hören möchten. Man sollte immer die Möglichkeit liefern, Sätze beenden zu können. Andernfalls stehen Sie als dauerhafter

Gesprächspartner nicht mehr in Frage. Es ist anstrengend und kränkend ständig unterbrochen zu werden. Geben Sie Ihrem Gesprächspartner das Gefühl, dass seine Worte gehört werden ohne dass Sie sie beurteilen. Erst dann wird Ihr Gesprächspartner das Gefühl entwickeln, mit Ihnen über alles reden zu können. Sie sollten diese drei Fehler vermeiden um die Voraussetzung für echte Sympathie zu erfüllen.

Interessant wirken

Es gibt nichts, was langweiliger ist, als ständig dieselben Sachen zu erleben. Alles was schon gewohnt ist, zerstört Interesse und Neugier. Es ist klar, dass Sie nicht interessanter werden, wenn Sie ständig dasselbe tun, sagen, denken und erleben. Um dem entgegenzusteuern, sollten Sie sich dazu überwinden neue Dinge auszuprobieren. Der Mensch kann sich nur weiterentwickeln, wenn er neue Dinge macht. Sie werden nur neue Dinge erzählen können, wenn Sie auch neue Dinge erleben. Logisch oder?

Anstatt also Ihrem tristen Alltag nachzugehen oder vor dem Fernseher zu sitzen, nehmen Sie sich ein gutes Buch und fangen Sie an zu lesen. Ich würde ein Themenbereich empfehlen, der Sie auch interessiert, da Sie es ansonsten nach einigen Seiten wieder weglegen. Versuchen Sie sich weiterzubilden und besuchen Sie Seminare. Falls Sie sich bei der Sache alleine fühlen, nehmen Sie einen Freund mit! Sorgen Sie dafür, dass Sie neue Erfahrungen machen und wertvolles Wissen erlangen. So können Sie sich demnächst bei verschiedenen Dialogen mitwirken, bei denen Sie ansonsten eher als Außenstehender agiert hätten. Viele denken, dem können Sie nur nachgehen, wenn Sie in finanzieller Freiheit leben. Dies stimmt natürlich nicht. Es braucht lediglich den Willen, neue Erfahrungen zu machen. Lassen Sie Ihre Komfortzone links liegen, denn das Leben hält noch sehr viele spannende Dinge für Sie bereit. Diese werden Sie niemals erleben, wenn Sie sich in Ihrer Komfortzone verstecken. Die neuen Erfahrungen veranlassen ganz automatisch, dass sich Ihr Auftreten zum Positiven verändert. Ein weiterer wichtiger Faktor ist, wie das Gesagte präsentiert wird. Die Präsentation des Gesagten, hat absolut nichts mit dem Inhalt zu tun. Ein Comedian behandelt oft gesellschaftskritische Themen, die an und für sich nicht besonders zum Lachen anregen. Die Präsentation oder besser gesagt, wie der Comedian es rüberbringt und in was für ein Verhältnis er diese Themen setzt, entscheidet ob das Publikum lacht oder nicht. Es ist also nicht nur wichtig WAS gesagt wird, sondern genauso wichtig ist es WIE es gesagt wird. Der Ton macht hierbei mal wieder die Musik. Dies nennt man effektives Kommunizieren. Effektives kommunizieren können Sie tatsächlich lernen. Es erfordert natürlich Zeit und Übung, aber es ist etwas, was jeder Mensch erlernen kann. Es gibt einige Faktoren, die dabei eine Rolle spielen: Tempo, Lautstärke, Pausen, Augenkontakt, Mimik und Gestik. Spielen Sie mit den verschiedenen Faktoren und beobachten Sie, wie unterschiedlich es bei Ihrem Gesprächspartner ankommt. Niemand möchte mit jemandem sprechen, der eine langweilige und monotone Tonlage besitzt. Das macht müde. Wir wollen Motivation und Energie versprühen, deshalb kommt eine langweilige Tonlage für Sie nicht in Frage. Achten Sie auch darauf, dass Ihre Mimik nicht signalisiert, dass Sie selbst von dem gelangweilt sind, was Sie erzählen. Auch dies wird Ihrem Gesprächspartner suggerieren, dass Sie keine

Lust auf das Gespräch haben. Ihr Gesprächspartner wird sich dann jemanden suchen, der ein spannenderes Gespräch führen kann. Unterschätzen Sie nicht Ihre Gestik und Mimik. Sie unterstreichen und bestärken was Sie sagen. Ein freundliches Lächeln und untermauernde Gestik sind die besten Mittel, die Aufmerksamkeit des Gesprächspartners zu festigen. Sie ziehen ihn praktisch in Ihren Bann. Übertreiben Sie es allerdings nicht. Sie müssen nicht unkontrolliert mit den Armen herumwedeln oder ein Joker-Grinsen aufsetzen um Sympathie zu erzeugen. Ebenso sollten Sie nicht wie ein Baum in der Landschaft herumstehen und keine Dynamik in Ihre Erzählungen integrieren. Trainieren Sie sich darin, ruhig und gelassen zu kommunizieren, allerdings auch Energie und Dynamik hineinfließen zu lassen. Menschen lieben es jemandem zuzuhören, der von etwas begeistert ist. Versuchen Sie so enthusiastisch wie möglich über Ihr Leben nachzudenken. Starten Sie endlich damit, Ihr Leben zu lieben. So entsteht authentischer Enthusiasmus. Bleiben Sie nicht stehen und entwickeln Sie sich immer weiter!

Ein anderer wichtiger Aspekt ist die Einzigartigkeit. Haben Sie den Mut anders zu sein! In der aktuellen Gesellschaft, versucht so gut wie jeder geduckt durch das Leben zu gehen, um in der grauen Masse nicht aufzufallen. Das mag Sie vielleicht dazu verleiten, sich sicher zu fühlen, aber gleichzeitig verzichten Sie auf sehr viel Spannung und Abwechslung. Diese beiden Punkte sind äußerst wichtig, wenn Sie sich weiterentwickeln. Jeder

Mensch hat den Wunsch in sich verwurzelt, sich auszudrücken und zu entfalten. Wir finden automatisch Dinge attraktiver, die sich von dem üblichen Rest zu unterscheiden scheinen. Schaffen Sie es also, dieses Gefühl bei Ihrem Gegenüber zu erzeugen, so wirken Sie ganz natürlich attraktiver und die Menschen werden sich zu Ihnen hingezogen fühlen. Dies hört sich leichter an als es ist, denn auch hierfür benötigt es Übung. Wenn Sie ein spezielles Hobby haben, wird das leider nicht ausreichen, denn Sie müssen begeistert von Ihrem Hobby sein und dafür brennen. Zeigen Sie Ihre Leidenschaft nach außen und Sie werden merken, wie sich Ihre Begeisterung auf Ihr Umfeld abfärbt. Wenn Sie es wirklich schaffen, eine authentische Leidenschaft zu entwickeln und dieses Gefühl nach außen transportieren können, wird Ihr Attraktivitätslevel immens ansteigen.

Die Grundvoraussetzung für ein gelungenes Gespräch ist die Einstellung zu dem Gesprächspartner. Stellen Sie sich auf den Gegenüber so gut es geht ein, sodass Sie zielführender und produktiver kommunizieren können. Je schneller Sie es schaffen, sich ein Bild von der Person zu machen, desto besser werden Sie die richtigen Worte finden. Sie können aus den ersten Eindrücken ein gedankliches Bild von der Person erstellen. Welche Geschichte könnte hinter dieser Person stecken? Was hat sie erlebt? Welchen Beruf hat sie? Was sind ihre Hobbies? Welche Interessen könnte sie haben? Stellen Sie diese Fragen im Gespräch, denn diese Infos helfen Ihnen, Ihr gedankliches Bild zu vervollständigen. Umso schneller und präziser haben Sie eine Vorstellung davon, über welche Themen Sie mit der Person kommunizieren können. Sie sollten im Gespräch immer auf die Themen abzielen, die Ihren Partner tatsächlich interessieren könnten. Dies belebt das Gespräch und Sie können ausschließen, dass Ihr Gesprächspartner die Konversation langweilig finden könnte. Gehen Sie auf die entsprechenden Themen ein und blocken Sie nicht einfach ab, wenn Sie nichts dazu zu sagen haben. Sie müssen sich selbstverständlich nicht verstellen und vorgeben jemand zu sein, der Sie nicht sind. Es soll vielmehr darauf hingearbeitet werden, sich auf der gleichen Ebene zu befinden und die gemeinsame Wellenlänge zu finden. Nur so kann sich ein interessantes Gespräch entwickeln. Diese Technik kann sehr wertvoll sein, benötigt allerdings sehr viel Übung und Erfahrung. Jeder Mensch hat eigene Interessen und bei einigen ist es nicht schwer herauszufinden wo die Interessen liegen. Einige verschließen sich jedoch ganz oder schämen sich sogar für ihre Interessen. Versuchen Sie dennoch zu erahnen, welche Themen Ihrem Gesprächspartner am meisten liegen. Durch Gespräche mit vielen verschiedenen Menschen, können Sie diese Technik üben und ein Gespür dafür entwickeln. Sie können auch Gespräche mit Leuten führen, mit denen Sie sich sonst nicht unterhalten würden. So können Sie die Technik trainieren und perfektionieren.

Selbstbewusstsein

Selbstbewusstsein hängt immer mit innerer Stärke zusammen. Kraft, Stärke und Überlegenheit wirkt von Natur aus anziehend. Sehen wir jemanden, der ein sehr selbstbewusstes Auftreten hat, so fragen wir uns automatisch, wie er das hinbekommt. Ein starkes Selbstbewusstsein zu besitzen führt automatisch zu einer sicheren Ausstrahlung. Es ist allerdings nicht angeboren, wie viele irrtümlicherweise vermuten. Es ist etwas, was man erlernen und ausbauen kann. Um eine interessante Persönlichkeit zu entwickeln, benötigt es also zwangsläufig ein starkes Selbstbewusstsein. Jeder Mensch hat ganz individuelle Stärken und Schwächen. Der Trick ist es, sich selbst gut zu kennen. Sie müssen ganz genau wissen, welche Stärken und Schwächen Sie besitzen und lernen Sie sich selbst kennen. Beobachten Sie sich selbst, wie Sie in bestimmten Situationen reagieren. Schauen Sie, wer Sie wirklich sind. Probieren Sie so viele verschiedene Dinge wie möglich aus. So lernen Sie, was Ihnen liegt und wo Verbesserungspotential sein könnte. Dies stellt das Fundament für echtes Selbstbewusstsein dar. Seien Sie sich darüber bewusst, wer Sie sind und wer Sie sein wollen!

Selbstbewusstsein setzt sich aus dem Selbstvertrauen und dem Selbstwertgefühl zusammen. Je mehr Sie auf Ihre Fähigkeiten vertrauen, desto Selbstbewusster werden Sie. Umso mehr Sie daran glauben, Gefühle wie

Glück, Leidenschaft und Enthusiasmus verdient zu haben, desto leichter wird es Ihnen fallen, echtes Selbstbewusstsein zu entwickeln. Um also Ihr persönliches Selbstbewusstsein zu stärken gilt es das Selbstvertrauen wie auch das Selbstwertgefühl auszubauen. Wenn man es schafft, diesen beiden Bereichen mehr Aufmerksamkeit zu schenken, so werden Sie merken, dass auch Ihr Selbstbewusstsein erheblich bestärkt wird. Dies wird sich positiv auf Ihr Unterbewusstsein auswirken, was sich wiederrum positiv auf Ihre Gedanken auswirken wird. So entsteht im Idealfall eine Aufwärtsspirale, die Sie dauerhaft daran hindern wird, negativ zu denken. Wie schaffen Sie es nun Ihr Selbstvertrauen und Ihr Selbstwertgefühl wieder auf Vordermann zu bringen?

Sport kann Ihnen signifikante Vorteile bringen. Die Fitnessbranche explodiert momentan. Das liegt nicht nur daran, dass Sport gesund und fit hält. Natürlich hat Sport einen wichtigen gesundheitlichen Aspekt. Allerdings spüren wir den physischen Effekt von Sport lange nicht so schnell wie den psychischen. Dies läuft überwiegend in unserem Unterbewusstsein ab.

Wenn Sie einer Sportart regelmäßig und intensiv nachgehen, suchen Sie sich immer größer werdende Herausforderungen. Sie entwickeln sich in der Sportart weiter. Dabei ist es ganz egal welche Sportart es ist. Mit regelmäßigem Training werden Sie immer besser werden. Haben Sie eine Herausforderung geschafft, entsteht ein Erfolgserlebnis. Sie werden sich mit der Zeit immer wieder übertreffen, was für noch mehr Erfolgserlebnisse sorgt.

Diese Erfolgserlebnisse werden auch Referenzpunkte genannt. Sie bilden das Fundament für Selbstvertrauen. Selbstvertrauen ist das Vertrauen in sich selbst, dass Sie haben, wenn Sie vor einer Herausforderung stehen. Je größer dieses Vertrauen ist, desto zuversichtlicher sind Sie. Desto mehr werden Sie an sich selbst glauben. Gleichzeitig hilft Sport dabei, ein besseres Gefühl für den eigenen Körper zu erlangen. Es hilft Ihnen dabei, sich im eigenen Körper wohl zu fühlen. Das spiegelt sich auch darin wieder, dass schlankere Menschen sich im Durchschnitt wohler fühlen als übergewichtige Menschen. Unterschätzen Sie also Ihr eigenes körperliches Wohlempfinden nicht. Neben dem körperlichem Wohlempfinden sollten Sie sich vielmehr um Ihr geistiges Wohlempfinden kümmern.

Erweitern Sie Ihren geistigen Horizont, in dem Sie etwas lesen. Falls Sie nicht der Fan vom Lesen sind, können Sie sich Hörbücher anhören. Die Hauptsache ist, dass Sie etwas Neues hören oder lesen. Etwas, was Sie noch nicht wissen und was Ihren Horizont erweitert. Ihr Selbstvertrauen wird automatisch zu steigen beginnen, wenn Sie sich zur Aufgabe machen, jeden Tag eine Stunde in die persönliche Weiterentwicklung zu investieren. Ihr Unterbewusstsein stellt größere Mengen an Wissen mit größerer Sicherheit gleich. Je mehr Sie also an Wissen erlangen, desto sicherer werden Sie sich fühlen. Das ist auf alle Bereiche des Lebens übertragbar. Vielleicht interessiert Sie ja ein Tanz- oder ein Kochkurs. Den Möglichkeiten sind keine Grenzen gesetzt. In welchen Bereichen würden Sie sich gerne weiterentwickeln? Machen Sie kleine Schritte damit Sie sich nicht überfordern. Lassen Sie die zeitraubenden Medien in Zukunft weg und nutzen Sie die Zeit für Ihre persönliche Weiterentwicklung. Neue Dinge auszuprobieren und Herausforderungen zu meistern, bieten großartige Möglichkeiten um Ihr persönliches Selbstvertrauen an die Spitze zu treiben.

Eine weitere Möglichkeit, die oft nicht besonders ernst genommen wird ist die Meditation. Durch die Meditation bekommen Sie einen Einblick in Ihr Unterbewusstsein. Sie nehmen Ihre Gedanken ganz neutral wahr und lernen sie kennen. Viele konzentrieren sich beim Meditieren auf den Atem. Dies ist ein guter Einstieg. Versuchen Sie ruhig und gelassen ein- und auszuatmen. Konzentrieren Sie sich dabei wirklich nur auf Ihren Atem. Es werden Gedanken kommen, die Sie von Ihrer Meditation ablenken, doch die Kunst der Meditation ist es, sich von den Gedanken nicht beeinflussen zu lassen, um die persönliche Mitte zu finden. Versuchen Sie zu Lernen Ihre Gedanken zu kontrollieren und bewusster mit Ihnen umzugehen. So fällt es viel leichter, Ihren persönlichen Kritiker in sich ausfindig zu machen und demnächst zu bändigen. Meditation gehört zu den stärksten Instrumenten, wenn Sie lernen möchten achtsamer und bewusster durch das Leben zu gehen. Natürlich gibt es viele verschiedene Formen der Meditation, deshalb sollten Sie sich mit dem Thema auseinandersetzen, um festzustellen, welche Form Ihnen am meisten hilft.

                    Anna Werner-Netzer

Um Ihr Selbstbewusstsein nachhaltig zu stärken, kommen Sie nicht daran vorbei Ihre Komfortzone zu verlassen. Dies stellt für die meisten Menschen die schwierigste Herausforderung dar. Die Komfortzone zu verlassen bedeutet sich bewusst unangenehmen Situationen zu stellen. Dies können unangenehme Gespräche sein oder ein Zahnarzttermin. Scheuen Sie sich nicht vor solchen Situationen. Sie sollten diese unangenehmen oder belastenden Situationen nicht vor sich herschieben. Es kann aber auch sein, dass Sie Ängste und Phobien entwickelt haben, die Sie gerne überwinden möchten. Jede Aktion, die außerhalb der Komfortzone stattfindet, wird Ihr Selbstbewusstsein spürbar steigern. Sollte Ihnen also demnächst eine Situation Angst machen, wäre es vielleicht eine gute Idee es dennoch zu probieren. Sie werden davon immens profitieren, sollten Sie Ihre Angst überwinden. Sollten Sie sich vor allem scheuen, werden Sie keine Chance haben sich irgendwie weiterzuentwickeln. Stürzen Sie sich mit voller Absicht in unbekannte Situationen. Auch wenn Sie sich anfangs unwohl fühlen, werden Sie so viel mehr an Erfahrung gewinnen.

Ein weiterer Tipp ist es, sich klar definierte Ziele zu setzen. Selbstbewusster zu werden mag vielleicht ein Ziel sein, ist allerdings absolut nicht klar definiert. Wie selbstbewusst möchten Sie denn sein? Das Setzen und Verfolgen von Zielen verbessert das Selbstbewusstsein. Vor allem die kleinen persönlichen Ziele stärken das Selbstbewusstsein. Machen Sie sich kleine Ziele die Sie in absehbarer Zeit erreichen können. Selbstverständlich sollten Sie auch große Ziele haben. Diese brauchen in der Regel allerdings viel Zeit. Deshalb ist der positive Effekt auf das Selbstbewusstsein nicht so schnell spürbar wie bei den kleinen Zielen. Bis dahin sollten Sie sich kleine Ziele setzen, die Sie motivieren nachdem Sie sie erreicht haben. Nehmen Sie sich also Aufgaben zur Brust, die für Sie eher unangenehm sind und erledigen Sie es einfach. Bei kleinen und umsetzbaren Aufgaben werden Sie spüren wie sich Ihr Selbstbewusstsein steigert, nachdem Sie sie erledigt haben. Sie müssen dafür keinen Berg erklimmen. Es reicht schon, wenn Sie ein unangenehmes Telefonat vor sich herschieben und es endlich hinter sich haben. Nehmen Sie sich Dinge vor, auf die Sie normalerweise keine Lust haben. Motivieren Sie sich zum Sport zu gehen!

Diese äußerst wirkungsvolle Methode kann sich zu einer dauerhaften Gewohnheit entwickeln. Suchen Sie ständig neue Herausforderungen an denen Sie wachsen können. Jede Situation, die Sie im ersten Moment unwohl fühlen lässt, kann eine Tür zu einem neuen Leben sein!

Schlusswort

Das Leben ist nicht beständig. Ihnen sind wahrscheinlich in den letzten drei Monaten Dinge passiert, mit denen Sie niemals gerechnet hätten. Wir müssen aus jeder Situation das Beste machen. Das ist was das Leben ist! Es funktioniert leider nicht, dass man etwas hinbekommt und alles läuft danach wie am Schnürchen. Selbst für die erfolgreichsten Menschen läuft nicht immer alles super. Erfolgreiche Menschen sind nicht durchgehend glücklich. Das Ziel ist der richtige Umgang mit Problemen. Das Leben ist unbeständig was bedeutet, dass niemand alle Parameter dieses Lebens kennt. Niemand weiß, welchen Einfluss bestimmte Dinge auf etwas haben. Niemand weiß welche Kausalitätskette dahintersteckt, wenn etwas Negatives eintrifft. Wir leben also in einer Welt, in der wir nicht wissen was morgen passieren könnte. Deshalb sollten wir uns vorbereiten. Sie sollten gewappnet sein, wenn Stolpersteine auf Ihrem Weg liegen. Sie sollten Ihren Geist dahingehend trainieren, mit Problemen produktiv umzugehen. Diese Fähigkeit erlangen Sie nur durch stetige Weiterentwicklung.

Verabschieden Sie sich von der Vorstellung, alles zu bekommen was Sie haben möchten und alles so zu tun wie Sie es bisher getan haben. Dies wird nicht funktionieren. Suchen Sie keine Abkürzungen für Ihr Glück. Heben Sie sich vom Durchschnitt ab. Tun Sie andere Dinge als der Durchschnitt. Wichtig hierbei ist, dass Sie Ihre Angst bekämpfen. Das, was Sie am meisten stört, müssen Sie beheben. Je länger Sie warten, desto eher werden Sie von Ihren Ängsten paralysiert. Menschen streben nach stetiger Weiterentwicklung. Unsere Vorfahren waren ständig damit beschäftigt Nahrung zu suchen, Probleme zu bewältigen und Gefahren aus dem Weg zu gehen. Nichts zu tun stand absolut nicht auf der Tagesordnung. Es gehört also zu unserer Natur Probleme zu lösen. Unser Bewusstsein und unsere Intelligenz hat uns vorangebracht und weiterentwickelt. Stagnation ist der Grundbaustein für Depressionen, Angststörungen, Zweifel, Sorgen und Probleme. Die Frage ist nicht wie groß das Problem ist. Die Frage ist wie gut Sie mit großen Problemen umgehen können. Daran müssen Sie arbeiten! Erst dann sind Sie mit allen Wassern gewaschen, damit Sie mit jedem noch so großen Problem umgehen können.

Ich hoffe dieses Buch konnte Ihnen dabei helfen, die negativen Gedanken in Ihrem Kopf besser auszusortieren. Wiederholen Sie die vielen Tipps und lassen Sie sich nicht unterkriegen. Setzen Sie das Gelesene in die Tat um und verbessern Sie sich mit der Zeit. Alles auf dieser Welt ist neutral. Schaffen Sie Ihre eigene persönliche Welt voller Glück!

Die Boosterbibel für mehr Selbstbewusstsein

Warum Selbstbewusstsein aufbauen?

Was ist der Unterschied zwischen Selbstbewusstsein und Selbstwertgefühl?

Um diese äußerst wichtige Thematik zu verstehen, müssen Sie zunächst verstehen, worin der Unterschied zwischen Selbstbewusstsein und Selbstwertgefühl liegt. Grundsätzlich handelt es sich bei diesen beiden Begriffen nicht um dasselbe.

Selbstbewusstsein beschreibt grundsätzlich Ihre eigene Wahrnehmung. Sie sind sich selbst bewusst - daher lieben und respektieren Sie sich, Sie sind sich Ihren Stärken und Schwächen bewusst und wissen sich selbst zu schätzen. Sind Sie selbstbewusst, so ordnen Sie sich niemanden unter, beziehungsweise haben zu keinem Zeitpunkt das Gefühl, sich jemandem unterordnen zu müssen.

Selbstwertgefühl wiederum beschreibt das Selbstwertgefühl, Ihr eigener Wert, welches Sie für sich empfinden. Dieses wird meist durch Ihre Lebensgeschichte und Ihre Errungenschaften sowie persönliche positive und negative Ereignisse, Erlebnisse hervorgerufen und geprägt.

Woran Sie merken, dass es Ihnen an Selbstvertrauen mangelt?

Es gibt immer mehrere Anzeichen, die verdeutlichen, dass Sie nicht selbstbewusst genug sind und umgehend handeln sollten. Sind Sie nicht selbstbewusst genug, so zeigt sich dies oft daran, dass Sie um Aufmerksamkeit kämpfen oder ständig das Gefühl haben, um Aufmerksamkeit kämpfen zu müssen. Suchen Sie nach Aufmerksamkeit, so haben Sie wahrscheinlich das Gefühl, stetig Anerkennung bekommen zu wollen, gar zu müssen. In Wahrheit aber bekommen Sie wahrscheinlich gar nicht weniger Aufmerksamkeit als andere Personen in Ihrem Familien- oder Freundeskreis, jedoch ist in diesem Fall die eigene Wahrnehmung getrübt, welches dann ein Gefühl der mangelnden Anerkennung hervorrufen kann.

Ein mangelndes Vertrauen in sich selbst kann sich außerdem darin zeigen, dass Sie oftmals sehr schnell über andere Personen oder bestimmte Situationen urteilen, anstatt abzuwarten oder bestimmte Umstände einfach zu akzeptieren. Sie geben sich wahrscheinlich oftmals nicht mit bestimmten Umständen zufrieden. Dies kann bei Ihnen gerade auftreten, wenn Sie immer perfektionistisch denken oder das Gefühl haben, perfekt sein zu müssen. Ein weiteres Anzeichen dafür, dass Sie nicht selbstbewusst genug sind, zeigt sich vielfach darin, dass Sie mit Kritik von Ihren Freunden und Bekannten nicht umgehen können. Selbstbewusste Menschen hingegen wissen mit Kritik umzugehen und zwischen guter und schlechter Kritik zu unterscheiden. Menschen mit einem geringen Selbstwertgefühl werten den Großteil anderer Meinungen als einen persönlichen Angriff.

Neigen Sie eventuell dazu sich oftmals mit anderen Personen, wie etwa Ihren Freunden oder Bekannten zu vergleichen? Dies kann ebenfalls ein Zeichen dafür sein, dass Sie nicht in sich selbst vertrauen. Wer sich oftmals mit anderen vergleicht, fühlt sich häufig minderwertig. Dies führt dazu, dass Sie sich ausschließlich auf Ihre Schwächen fokussieren, was ein weiteres Anzeichen für einen Mangel an Selbstvertrauen ist. Sehr selbstbewusste Menschen hingegen konzentrieren sich auf positive Dinge und auf die Dinge, die sie besonders gut können. Sie sagen sich erneut instinktiv aus dem Unterbewusstsein heraus, wie schlecht sie doch in diesen oder in anderen Dingen sind. Doch was hat man davon, wenn man sich selbst immer wieder sagt „das kann ich nicht", „das möchte ich nicht, weil ich es mir nicht zutraue". Richtig, gar nichts!

Deswegen ist es wichtig, daran zu arbeiten ein starkes Selbstwertgefühl und somit auch ein starkes Selbstbewusstsein aufzubauen. Je stärker Sie innerlich sind, je mehr Sie es lernen sich selbst wertzuschätzen, umso selbstsicherer werden Sie in vielen Lebenslagen, vor allem in Ihrem Alltag und in Ihrem beruflichen Umfeld. Sie wirken souveräner und machen sich dadurch auch nahezu unverwundbar.

Warum sollten wir unser Selbstwertgefühl, das Vertrauen in uns selbst stärken?

Es gibt tausend Gründe, welche dafür sprechen, genügend Selbstvertrauen aufzubauen. Der wichtigste Grund allerdings liegt darin, zu lernen, sich selbst zu akzeptieren, mit allen Ecken und Kanten! Nur die Akzeptanz der eigenen Person führt zu einem glücklichen und zufriedenem Leben. Sind Sie mit sich selbst im Reinen, so gehen Sie in allen Bereichen positiver durch das Leben. Lernen Sie sich selbst zu akzeptieren, so lernen Sie sich selbst gleichzeitig auch besser kennen. Sie fangen an sich mit sich selbst zu beschäftigen und Probleme, die im Laufe des Lebens auftauchen nicht mehr vor sich herzuschieben, sondern diese sofort zu lösen. Ebenso kann es sein, dass negativ erlebtes, was schon Jahre, bis zur Kindheit zurückliegt, endlich von Ihnen aufgearbeitet wird. Dies führt auch dazu, dass Sie nicht mehr das Gefühl haben an bestimmten Dingen und Problemen Schuld zu sein. Sie können die Dinge und Geschehnisse nicht rückgängig machen und erleben aufgrund dessen eine viel neutralere Sicht. Lernen Sie sich zu befreien, sich nicht schuldig zu fühlen, verzeihen Sie sich und vielleicht auch Ihren Mitmenschen, die nicht gut zu Ihnen waren und schon werden Sie Schritt für Schritt viel positiver und selbstbewusster durch das Leben gehen.

Vertrauen in sich selbst, kann Ihnen außerdem Stärke verleiten. Lieben und respektieren Sie sich, so wissen Sie, wozu Sie im Stande sind. Sie spüren förmlich, dass Sie nichts so schnell aus der Bahn werfen kann. Mit dieser

Energie, mit diesem Zugewinn an psychischer Stärke ist es Ihnen nun möglich ganz neue Ziele im Leben anzusteuern. Dies gilt für den Beruf sowie für das private Leben.

Werden Sie selbstbewusster, so lernen Sie auch, Probleme nicht mehr als negativ anzusehen, sondern betrachten diese als kleine Hindernisse, welche überwindbar sind und Ihnen mehr Kraft geben können. Sie sehen somit das Positive in bestimmten Lebensumständen - das Negative hingegen blenden Sie aus. Sie schenken dem Negativen nicht mehr die Aufmerksamkeit, die es vorher bekommen hat. Voller Energie durch Ihre selbstbewusstere Lebensweise entwickeln Sie nun auch eine neue Einstellung zum Leben: Sie sind interessierter daran stetig zu lernen und sich neues Wissen anzueignen.

Mehr Vertrauen zu Ihnen selbst kann aber auch die kleinen Bereiche des Lebens stärken. Beispielsweise werden Sie kommunikativer, ziehen sich nicht mehr vor aufregenden Gesprächen zurück, sondern meistern diese selbstbewusst. Eine natürliche und kleine Nervosität ist zwar vorhanden aber Sie haben gelernt sich auf Ihre Stärken zu konzentrieren, Ihre Bedürfnisse zu erfüllen, und Sie lernen außerdem mit Kritik umzugehen und diese zu nutzen, um sich selbst weiterzuentwickeln. Sie wissen ganz genau, dass man es nicht allen Menschen Recht machen kann. Darüber hinaus haben Sie nie das Gefühl, sich selbst vor anderen Personen profilieren zu müssen, geschweige denn, sich zu rechtfertigen, denn Sie sind sich Ihres eigenen Wertes bewusst.

Eine selbstbewusstere Lebensweise kann Ihr Leben grundsätzlich verändern: Sie werden glücklicher und ruhiger. Außerdem ändert sich Ihre Lebenseinstellung vom Negativen ins Positive. Auch Ihre Gefühle anderer Menschen gegenüber verändern sich grundlegend. Sind Sie sich Ihrer selbst bewusst, so wissen Sie anderen Menschen gegenüber Gefühle und Emotionen wie Liebe und Anerkennung zu zeigen. Ihre zwischenmenschlichen Beziehungen werden dadurch gestärkt und Sie erhalten dieselben Gefühle von anderen Menschen zurück. Wer nicht selbstbewusst lebt, wird immer negativ eingestellt bleiben und niemals anfangen, wirklich zu leben!

Nur so haben Sie die Möglichkeit sich aus Ihrem eigenen inneren Gefängnis zu befreien.

Selbstbewusstsein

Kennen Sie es? Es gibt Personen, die betreten einen Raum und auf einmal verändert sich die wahrgenommene Stimmung. Diese Personen können sehr unterschiedlich sein. Manche sind leise, auf den ersten Blick unauffällig, erst beim zweiten Hinsehen erkennt man jemanden, der in sich ruht, dessen Augen funkeln und der eine sehr angenehme Ruhe ausstrahlt, neben der Ruhe wirkt diese Person schon als vertrauenswürdig.

Andere wiederum sind die geborenen Unterhalter. Ihnen zuzuhören ist amüsant oder lehrreich oder man folgt ihren Ausführungen mit freundlichem Interesse oder mit Begeisterung.

Der erste und auffallende Unterschied zwischen einer Person mit oder ohne Selbstbewusstsein fällt im Kontakt direkt auf. Menschen mit einem starken Selbstbewusstsein werden wahrgenommen, die ohne weniger.

Ein Mensch mit Selbstwert wirkt authentisch, glaubwürdig, sympathisch. Nichts an ihm verlangt nach ständiger Aufmerksamkeit, weil er die äußere Aufmerksamkeit nicht benötigt und die innere Ruhe und Zufriedenheit gefunden hat. Kritik belastet ihn nicht und die eigene Meinung steht nicht als oberstes Gebot im Vordergrund.

Wer selbstbewusst ist, kann an Projekten scheitern, aber er wird schneller wieder aufstehen als Menschen ohne ein starkes Selbstwertgefühl. Denn eine generelle Erfolgsmöglichkeit wird von ihm nicht angezweifelt.

Erfolg ist schön, aber nicht unbedingt für jeden Menschen erstrebenswert. Es kommt immer darauf an, welche persönlichen Ziele man verfolgt.

Wann entwickelt sich der Selbstwert?

Der Selbstwert entwickelt sich im Allgemeinen bereits sehr früh in der Kindheit. Lücken zeigen sich gerne erst später und müssen dann sehr bewusst angesehen und gefüllt werden. Diese Lücken und Defizite zeigen sich zumeist, wenn wir in der Blüte unseres Lebens sind, meist nach den ersten Berufserfahrungen oder unmittelbar nach dem Studium. Je älter man wird, je bewusster wir versuchen zu leben, umso mehr fallen diese Defizite ins Gewicht. Uns fällt dann auf, dass wir manche Glaubenssätze von unseren Eltern übernommen haben, die heute einfach nicht mehr haltbar sind bzw. durch eigene Erfahrungen nicht bestätigt werden können. Das zeigt sich vor allem daran, wenn Eltern die Kinder mit größtmöglicher Vorsicht und Bedachtheit erzogen haben und das Kind „keine" eigenen Erfahrungen sammeln konnte. Des Weiteren gibt es auch Eltern, die Ihren Kindern immer wieder versuchen einzutrichtern: „du kannst dieses und jenes nicht".

Ist es Ihnen vielleicht auch so ergangen?

Dann haben sie sicherlich irgendwann gespürt, dass Ihre eigentliche freien Entscheidungen gar nicht so freiwillig sind, wie es scheint, denn Ihr Unterbewusstsein hält Ihnen, ohne dass es Ihnen sofort spürbar auffällt, diese

Glaubenssätze vor. Diese werden von Ihnen unwillkürlich immer mit einbezogen. Deswegen ist es wichtig, zu verstehen und zu lernen, dass man Glaubenssätze ändern kann, man kann sie korrigieren. Sie müssen mutig sein, Sie müssen Grenzen überschreiten, dann gelingt es Ihnen, Ihre eigenen Interessen und Ziele Schritt für Schritt umzusetzen. Wie das geht, zeige ich Ihnen Schritt für Schritt im Verlauf dieses Buches.

Ein stabiler Selbstwert ist, wie ein sicheres Gerüst, das hilft, sich anderen Menschen gegenüber sowohl abzugrenzen als auch Distanzen zu überwinden.

Fehlender Selbstwert wirkt sich immer fatal aus und wird in den unterschiedlichsten Lebenslagen deutlich. Kritik wird als Angriff gewertet, eine andere Meinung als Widerspruch. Tragisch ist, dass fehlender Selbstwert nichts ist, was sich der Mensch in erster Linie selbst zu verdanken hat.

Erinnern Sie sich, als ich vorhin geschrieben habe, dass Glaubenssätze uns eingetrichtert werden. Nun ist es im Lauf des Lebens so, dass wir auch in der Kindheit die eine oder andere Erfahrungen sammeln, wovor unsere Eltern uns gewarnt hatten. Diese speichern wir ganz unbewusst mit einer positiven Bestätigung und dem Glaubenssatz ab, wie z.B.: „ Mein Vater hatte Recht......“. Dass man die eigentliche Situation oder das Erlebte nicht grundsätzlich mit dem Glaubenssatz der Eltern vergleichen kann, ist für unsere Wahrnehmung kein Unterschied. Aber genau dieser kleine Unterschied bestätigt uns, dass der „Vater" recht hatte und wir festigen damit diesen Glaubenssatz.

Das geschieht alles von ganz alleine und je mehr wir in diesen Zwiespalt geraten, umso schlimmer wird es; es kommen Versagensängste hinzu.

Man konzentriert sich immer mehr auf die eigenen Schwächen, anstatt auf seine Stärken. Genau dahin müssen Sie zurückfinden, sich auf Ihre Stärken zu konzentrieren. Es ist ganz normal, dass man Schwächen sowie auch Stärken hat. Es kommt einzig und allein darauf an, auf welche Seite wir uns konzentrieren.

Und wenn wir uns auf unsere Stärken besinnen, ist es nur logisch, dass der Selbstwert etwas mit Selbstliebe zu tun hat. Um andere Menschen ernsthaft zu respektieren und lieben zu können, ist es erforderlich, die eigene Liebesfähigkeit zu entwickeln. Also, lieben Sie sich selbst.

Solange einem das nicht gelingt, ist es sehr wahrscheinlich, dass die Leistungen anderer nicht mit Bewunderung aufgewertet werden, aber dafür mit Neid und Verachtung abgewertet werden.

Selbsterkenntnis

Ein wesentlicher Punkt der Selbsterkenntnis ist, bei anderen Menschen wahrzunehmen, was an ihnen gehasst oder abgelehnt wird. Hier liegen eigene Probleme begraben, die erkannt werden müssen, um Veränderung zu ermöglichen.

Nicht nur der eigene Partner dient als Spiegel, sondern prinzipiell kann jeder Mensch, mit dem man sich umgibt zeigen, wo bei einem selbst Probleme liegen. Der Aufbau des Selbst ist kein strategischer Plan, es sind keine Übungen notwendig, die in der Gruppe gemeistert werden – so nett und schön das sein kann.

Erforderlich ist es, die Schwächen zu erkennen oder die Stärken herauszuarbeiten und damit ressourcenorientiert zu arbeiten, was unter Umständen sogar der bessere – weniger schmerzvollere – Weg ist.

Die Einordnung ertragener Verletzungen nach Stefanie Stahl bietet den Vorteil, den verletzten Selbstwert auf wenige Faktoren, die angesehen werden müssen, reduzieren zu können. Das macht den Aufbau nicht leichter, dennoch in der Gestaltung übersichtlicher. Somit kann Eifersucht als eindeutiges Problem fehlender Bindung oder nicht vorhandener Sicherheit eingeordnet werden.

Ein Essproblem oder gar eine Essstörung hängt möglicherweise sehr stark von der Lustbefriedigung ab.

Es ist also nötig, die Situation zu betrachten, um den inneren Schmerz zu entdecken und zu begreifen.

Tatsächlich geht es darum, dem ehemaligen Kind (auch nach Stefanie Stahl) eine Heimat zu geben und es mit der Welt zu versöhnen.

Im Internet findet man viele Seminare, wie man mangelnden Selbstwert aufbauen soll. Doch stelle ich mir als Autor und als Person die Frage, ob ich mich auf irgendwelchen Seminaren herumtreiben möchte, unter Gleichgesinnten und ich mich diesen anvertraute und vor jedem einzelnen auch das Tatsächliche preisgeben möchte.

Daher bin ich persönlich immer ein Fan von Vorlesungen, gerade wenn es sich um so ein intimes Thema handelt.

Wie bereits erwähnt basiert ein fehlender Selbstwert auf einer Verletzung und falschen Glaubenssätzen, die allgemein in der Kindheit stattgefunden haben und die aus heutiger Sicht sogar völlig banal sein können, aber in der Psyche als Bedrohung wahrgenommen wurden.

Dieser Punkt ist sehr wesentlich beim Selbstwertaufbau. Es ist sehr entscheidend, wie eine Situation beurteilt wird. Wird sie positiv gewichtet oder negativ beurteilt? Kraft wird nur aus dem ersten Fall erwachsen können.

Sie verstehen nun, dass was wir tun und wie wir handeln, von unserer Denkweise abhängt. Ist das Glas nun halb leer oder halb voll?

Der weitere Weg sich zu stärken ist die Arbeit mit den Verletzungen des Kindes einerseits eine freundliche Sicht generell auf das Leben andererseits.

Selbstwertverletzungen

Selbstwertverletzungen liegen sehr tief vergraben und werden nicht durch die Anwendung platter Attitüden geheilt. Meistens liegen ganz klare Probleme vor und selten hat man damit zu kämpfen, andere Menschen zu sehr zu lieben. Das Gegenteil ist leider der Fall.

Trotz allem bleibt die Frage, ob es sinnvoll ist, im Schmerz zu wühlen, um dann später doch noch irgendwann über den Dingen zu stehen. Möglicherweise macht es mehr Sinn, von vornherein ressourcenorientiert zu arbeiten und den Schmerz damit größtenteils zu umgehen.

Auch hier ist es leider nicht damit getan, sich jeden Tag zu sagen, wie toll man ist, welch hervorragende Arbeit ausgeführt wird. Das reicht alles nicht aus.

Anerkennung

Jeder Mensch hat Bereiche, in denen er Lob erhaschen möchte aber ein Lob muss ehrlich sein und aufrichtig. Es würde Ihrer Persönlichkeit nicht viel nützen, wenn Sie Lob in anderen Bereichen erhalten, womit Sie sich nicht zu 100% identifizieren können.

Dazu möchte ich Ihnen ein kleines Beispiel von mir selbst preisgeben. Ich schreibe Bücher, weil ich es Liebe, ich liebe es mich mit der Psyche des Menschen auseinanderzusetzen. Ich liebe es, Menschen behilflich sein zu können. Wenn meine Werke dazu beigetragen haben, dass ein Leser oder Besucher meiner Vorlesungen, Fortschritte gemacht hat, erfüllt mich das. Wenn mir jemand ein Lob oder eine Danksagung ausspricht, erfüllt es mich mit Stolz und treibt mich immer weiter voran, mehr zu schreiben, noch mehr zu recherchieren, immer weiter mein Bestes zu geben.

Jedoch gab es vor meiner Autorenzeit (ich veröffentliche Bücher unter 7 verschiedenen Pseudonymen) auch einen ganz stinknormalen Beruf, welchen ich zwar nett und interessant fand, der jedoch nicht meine Erfüllung war. Anscheinend war ich dort auch gut und Kollegen und Kunden lobten mich zu genüge. Jedoch war mir diese Anerkennung fast gleichgültig. Nur selten habe ich eine Anerkennung auch angenommen. Aus heutiger Sicht hätte ich auch damals jede Anerkennung in mir aufsaugen müssen.

Dennoch ist ein Lob, eine Anerkennung in Bereichen, die man wirklich gerne macht, nicht vergleichbar!

Dennoch fordern Sie diese Anerkennung ein, sagen Sie ruhig mal zu sich selbst oder zu Ihren Kollegen „Na, wie habe ich das gemacht?" Seien Sie stolz darauf, nehmen Sie diese an und Sie werden weiter wachsen.

Stärken und Schwächen

Die eigenen Stärken sollten eindeutig mit den Bedürfnissen mit Ihrer Persönlichkeit korrespondieren.

Sie sollen einfach stimmig sein.

Sie müssen Ihre Schwächen ebenfalls ansehen. Denn sehe und erkenne ich meine eigenen Schwächen nicht, verwehre ich mir den Blick auf mein persönliches Entwicklungspotential. Einerseits reden Sie sich möglicherweise ein, besonders begabt zu sein, ohne dass das in Ihrem Fall zutrifft.

Analysieren Sie sich, schreiben Sie doch einfach mal klassisch auf eine Stück Papier auf, was Ihre Stärken sind und was Ihre Schwächen!

Wenn Sie Ihre Stärken und Schwächen notiert haben, dann überlegen Sie warum diese genau Ihre Stärken/Schwächen sind, begründen Sie diese und notieren sich alles exakt darunter.

Wenn Sie zum Beispiel gerne malen und Sie dieses Hobby als Stärke betrachten, sollten Sie in der Lage sein, das eigene Schaffen und den eigenen Fortschritt zu beurteilen. Allerdings müssen die zu betrachteten Stärken nicht immer aus dem Freizeitbereich kommen – auch wenn wir glauben, dass der Beruf wesentlich ist. Dazu ein Beispiel: Es gibt Fotografen, die seit 30 Jahren glücklich auf dem Gleichen – von außen betrachtet, schlechtem – Niveau arbeiten und denen das Fotografieren unbändige Freude bereitet. Sie sehen also, dass Stärken nichts mit Erfolg zu tun haben müssen, im besten Fall vielleicht mit Talent und auch das ist nicht erforderlich.

Erforderlich ist es, egal was Sie gerne machen, dabei vielleicht in einen Flow (eine innere Ruhe, einen Fluss der Leichtigkeit) geraten, abzutauchen, um tief bei sich selbst zu sein. Wem das gelingt, der hat seinen Selbstwert in sich entwickelt. Er findet Glück und Zufriedenheit im Umgang mit sich selbst.

Diese Fähigkeit sich selbst – auch einmal ohne andere Kontakte unterhalten und beschäftigen zu können, mit sich im Einklang zu sein, ist eine sehr wesentliche Ressource, die auch vor Einsamkeit im hier und heute, sowie im Alter schützen kann.

Damit ist nicht gemeint, sich im Zimmer einsperren, um Kontakte zu vermeiden. Wer allerdings in der Lage ist auch mit sich selbst zu agieren, kann nicht ohne Weiteres einsam werden. Da dürfen Polaritäten betrachtet werden. Nicht alles, was direkt logisch erscheint, ist es auch.

Es ist wichtig, dass Sie sich eine physische und psychische Wohlfühloase schaffen, inkl. einem Rückzugsort, der nur Ihnen ganz alleine gehört, egal ob von physischer oder psychischer Natur.

Nun mag mancher denken, es läge auf der Hand, dass ein Mensch mit vielen Kontakten eher nicht einsam sein kann. Das ist aber eine irrsinnige Unterstellung. Einsam zu sein, ist auch unter Menschen möglich, während sich jemand mit sich selbst alleine fühlen kann.

Stellen Sie sich bitte einmal vor, Sie sind nicht selbstbewusst, haben zwar einen großen Bekannten- und Freundeskreis, aber selbst wenn Sie unter Ihnen sind, halten Sie sich ziemlich bedeckt und etwas zurückgezogen, vielleicht aus Angst etwas falsches zu sagen oder auf einer Party oder anderen Situationen in eine peinliche Situation zu geraten. Sie würden eventuell gerne mal so richtig aus sich herauskommen und sich genauso mit einbringen, wie es die anderen machen. Eventuell spüren Sie sogar einen Wunsch, sich einfach mal genauso offenherzig und frei zu fühlen, wie die anderen.

Bewunderung

Bewundern Sie eventuell andere Personen aus Ihrem Bekannten und Freundeskreis?

Viele Menschen sind immer ganz vorne dabei, weil sie es sich einfach machen. Sie scheren sich nicht darum, ob etwas peinlich rüberkommt oder, ob sie von anderen bewertet werden. Diese Personen leben im hier und jetzt, nicht gestern und nicht morgen, sie machen instinktiv das Richtige. Sie können das auch, sprengen Sie Ihre Ketten, leben Sie, genießen Sie Ihr Leben, Ihren eigenen Moment, lassen Sie einfach mal los.

Wenn Sie gelernt haben und mutig waren einfach mal zu genießen, einfach mal loszulassen und dabei in eine persönliche Glückseligkeit , Zufriedenheit geraten, kommen Sie ihrem Ziel immer näher. Die innere Einsamkeit schwindet, Ihr Selbstwertgefühl wächst kontinuierlich an, somit auch Ihr Selbstbewusstsein.

Dieses gilt für Sie persönlich und ihren Beruf, seien Sie authentisch, nicht perfektionistisch, denn Perfektionismus macht krank.

Wenn Sie mit sich selbst glücklich sein können, und sei es nur zeitweise für kurze Momente, haben Sie in Richtung Selbstwert bereits eine Menge in sich investiert.

Dieser Weg ist – von anderen Wegen abgesehen – nicht unbedingt besser, aber vermutlich weniger von Schmerzen begleitet. Traurig ist es dann, wenn ein Mensch nichts findet, was ihn ins Glück versetzt, ablenkt und mit sich selbst in eine tiefe Verbindung bringt.

Was den eigenen Selbstwert betrifft, sollte man mit Vergleichen vorsichtig sein. Es gibt Menschen, die wirken unglaublich selbstbewusst, ohne es wirklich zu sein – und natürlich auch umgekehrt.

Ob jemand über einen gesunden Selbstwert verfügt oder nicht, stellt sich meist nur im Lauf der Zeit durch Interaktionen mit der Person dar.

Perfektionismus

Eben sprach ich von Perfektionismus und möchte hier noch einmal etwas näher darauf eingehen, denn wir erleben gerade im Berufsleben, dass man immer perfekt sein sollte und genau dazu möchte ich Ihnen etwas Folgendes erläutern.

Dazu ein Auszug aus meinem Buch:

„Angst- und Panikattacken – Der

Tyrann in Dir":

(Das „Du" ist in diesem Praxisbuch die Ansprache des Lesers)

Perfektion ist ein Übel für fast aller Laster!

Ehrgeiz und der Reiz gewisse Dinge im Leben zu verändern und zu erreichen ist nötig, um seine Ziele nicht aus den Augen zu verlieren bzw. seine Ziele zu erreichen. Wenn jedoch die Perfektion im Vordergrund rückt, wird es krankhaft. Angst, Fehler zu begehen. Die Angst, mit Konsequenzen leben zu müssen. Die Angst als Versager zu gelten. Sich selbst dafür zu bestrafen.

Perfektionismus ist modern und prägt den heutigen Zeitgeist und liegt unseren Wertvorstellungen zugrunde und dominiert so in unseren Köpfen.

Anna Werner-Netzer

Kaum jemand kann sich dem entziehen. Wenn Menschen den Zwang verspüren, alles so perfekt wie möglich zu machen, gilt dies im Berufsleben als ehrwürdig. Im privaten kann dieses gerade in einer Partnerschaft extrem belasten.

Ein Perfektionist vermeidet es unter allen Umständen Fehler zu machen. Er hat Angst vor der Blöße einen Fehler gemacht zu haben. Als Perfektionist „zerfleischt" er sich um „unangreifbar" zu werden. Doch was steckt dahinter?

Menschen, die perfektionistisch veranlagt sind, haben ein sehr geringes Selbstwertgefühl, kaum bis gar kein Selbstbewusstsein und versuchen sich durch Perfektion zu etablieren.

Wie Sie sehen, spielt sich alles was wir tun und wie wir handeln automatisch in unserer Psyche ab und fast alles geht auf ein viel zu geringes Selbstwertgefühl zurück.

Wir müssen lernen und verstehen, dass wir fehlbar sind, dass wir nur dazulernen können, wenn wir Fehler machen und uns diese auch eingestehen. Wir leben und wir lieben, wir streiten und versöhnen uns, wir weinen und wir lachen, wir reden dieselbe Sprache aber verstehen doch etwas anderes. Du bist du, authentisch und lebens- und liebenswert!

Sei nicht so streng mit Dir selbst, erwarte auch nicht von anderen das sie Dinge besser können als Du selbst. Erwarte nicht, das jeder so Leben musst wie du dein Leben lebst. Denn Dein Gegenüber ist nicht DU!

Respektiere von anderen die Fehler, auch dann werden Deine Fehler respektiert, Lass Dich nicht hängen, nur weil Du irgendetwas hättest besser machen können. Lass Dich nicht unterkriegen, weil Du darauf achtest nicht mehr perfektionistisch veranlagt zu sein.

Werde gelassener in Deinem Leben, lebe, lebe, lebe und habe Spaß am Leben. Wenn Du einen Job hast der dir nicht gefällt, dann ändere es. Nimm es nicht hin, bewerbe dich oder bilde dich fort.

Akzeptiere dich so wie Du bist, akzeptiere auch, dass man nicht von allen Menschen gemocht werden kann. Stehe zu Dir, lobe Dich, erkenne dich selbst an.

Verstehe, dass du alles was du tust, dich dorthin führen soll, dass Du ein zufriedenes Leben führst. Nimm es an, dass Perfektionismus eine starke Schwäche ist.

Sei Neugierig und beobachte einfach mal Menschen, wenn Du in einem Cafe sitzt. Beobachte sie, schaue sie an, du wirst erkennen, dass nur ganz wenige Menschen sich lachend und voller Zufriedenheit unterhalten.

Ich nutze auch diese Möglichkeiten, gehe schon mal gerne alleine ins Cafe, beobachte die anderen Gäste. Immer wieder bin ich erstaunt, wie gelangweilt sie aussehen. Sie keinen Ausdruck besitzen. Sie sitzen einfach nur dort. Manchmal kommt mit der Gedanke, bin ich etwa in „The Walking Dead?". Ich möchte diese Menschen nicht als Zombies betiteln, aber als leblos. Natürlich leben sie, aber sie kommen mir vor, als würden sie nur dahinvegetieren. Keine Mimik, ein lebloser Gesichtsausdruck. Schrecklich. Sobald aber eine Person sich mit an diesen

Tisch setzt, ändert es sich. Die Person erwacht. Ich ertappe mich dabei, dass ich versuche dies zu erörtern. Warum sie leblos sind, warum erwacht die Person wie auf Knopfdruck, wenn sich jemand mit zu ihr/ihm an den Tisch setzt?

Von ca. 20 Personen die alleine im Cafe oder auf der Terrasse eines Cafes sitzen, kommt mir nur eine Person als zufrieden vor. Die Mimik einer Person verrät es, sie geniesst es gerade im Cafe zu sitzen. Sie strahlt eine Zufriedenheit aus, auch wenn sie nicht lächelt, aber ihre/seine Mimik „lächelt".

Doch warum ist das so?

Wir Menschen neigen dazu wie in einem Tunnel zu leben und vergessen uns dabei selbst. Wir funktionieren nur, wir leben nicht. Leben heißt sein Leben so zu gestalten, dass man sein Leben zufrieden und selbstbestimmt lebt.

Ebenso fühlt sich jeder 2. Mensch einem Dauerstress ausgesetzt. Das schlimme an dieser Situation ist, dass sie es selbst so gewählt haben, sie beschweren sich auf der einen Seite, dass sie keine Zeit für sich selbst haben und wollen aber immer und überall mit dabei sein, aus Angst etwas zu verpassen, nicht „up to date" zu sein. Wahnsinn!

Was kann wichtiger sein, als das eigene selbstbestimmte Leben?

Dennoch scheuen es die Menschen, aus ihrem Hamsterrad zu klettern, ihren Tunnel zu verlassen. Veränderung bedeutet Arbeit und wir Menschen schlagen ganz auto-matisch immer den Weg des geringsten Widerstandes ein.

Auszug Ende

Haben Sie sich stellenweise wiedererkannt?

Körpersprache

Alleine die Körpersprache ist ein meist unbewusster Prozess, der oft ebenso unbewusst von anderen Menschen gedeutet wird und so in die Beurteilung einer Person mit einfließt.

Niemand muss wirklich tief in diese Thematik eintauchen. Wenn Sie jetzt intensiv darüber nachdenken wird Ihnen auffallen, dass sich vieles ohne großes Wissen sehr schnell erkennen lässt. Eben weil die Prozesse unbewusst ablaufen und wir bereits über ein verstecktes Wissen verfügen, ohne dieses erklären zu können.

Es gibt geschlossene und offene Körperhaltungen. Eine geschlossene Körperhaltung kann aussagen, dass jemand schüchtern ist. Diese Haltung kann auch Zeichen einer Distanz sein bzw. einer Abwehrhaltung. Selbstbewusste Menschen stehen in der Regel immer relaxed und mit offenen Armen da, während Menschen mit einem geringen Selbstbewusstsein sich immer etwas in der Körperhaltung verschränken.

Die Körpersprache kann man letztlich nur im Kontext betrachten. Wir agieren meist auf verschiedenen Ebenen, drücken mit dem Körper, mit der Stimme und mit Worten anderes aus, als wir bewusst zugeben würden.

Auch eine Absicht kann mit der Körpersprache verbunden sein, die wiederum eine Interpretation erschwert.

Manche Dinge liegen klar auf der Hand. Einem gebeugten Menschen wird es mit Sicherheit an Selbstwert fehlen, auch dann wenn seine Haltung tatsächlich einem physischen Leiden entspringt.

Generell kommt eine lockere und leichte und aufrechte Körperhaltung eher sympathisch bei unseren Mitmenschen an, als die in sich verschlossene Körperhaltung.

Der Einfluss auf die Körpersprache ist erst einmal beschränkt. Keiner achtet den ganzen Tag darauf, wie er sich verhält. Und auch wenn die offene Körperhaltung bei anderen besser beurteilt wird, zwingen kann man sich dazu nicht.

Letztlich macht der Körper äußerlich sichtbar, was innen drin passiert. Wenn sich jemand zusammenzieht und immer kleiner wird, heißt das meistens nicht, dass er diese Haltung so toll findet. Es ist einfach eine Haltung, die mit seinem inneren Wesen korrespondiert. Er ist zurückhaltend oder verschreckt oder sogar ängstlich.

Einem Menschen, dem es gelingt sich körperlich zu öffnen, besitzt auch innerlich diese Bereitschaft, das nach außen zu zeigen. Demnach ist es nicht damit getan, andere aufzufordern, ihre Körpersprache zu verändern. Änderungen brauchen Zeit – immer – und sind nicht radikal in ein paar Tagen umzusetzen.

Wenn Sie innerlich daran arbeiten offener werden zu wollen, werden Sie dies auch in Ihrer Körpersprache umsetzen. Auch ein bewusstes Achten auf eine bessere Körpersprache, hat umgekehrt Einfluss auf das Verhalten.

Zu verstehen, dass Körper und Geist immer zusammenspielen, also eine Einheit bilden, hilft, sich zu verändern.

Wer einen steifen Körper hat, sollte seine Ansichten befragen, inwieweit dort rigide Muster zu finden sind. In einem biegsamen und weichen Körper darf man auch sanftere Ansichten vermuten. Falls das nicht mehr der Fall sein sollte, zieht der Körper irgendwann nach und vorbei ist es mit der Sanftheit und der Körper versteift sich.

Sehr lapidar ausgedrückt, darf der Körper als Auto verstanden werden, das gepflegt und gut behandelt werden möchte, und zwar von der Ernährung (Motoröl, Benzin) über Schonung (nicht überdrehender Motor), bis hin zur inneren Liebe (Pflege, Inspektion, TÜV).

Wer seinen Körper liebt, wird – Gesundheitlich vorausgesetzt – andere Bewegungen zeigen als jemand, der ein gespaltenes Verhältnis zu sich hat.

Ausstrahlung

Ausstrahlung ist also ein Gesamtpaket, welches sich im Inneren auf das Äußere übertragen muss. Ob die Augen glänzen, ob derjenige lächelt und der Klang der Stimme. Die Stimme ist ebenso ein offensichtliches Spiegelbild der Seele und sollte in keiner Weise unterschätzt werden. Jeder Mensch ist in der Lage in einer gewissen Bandbreite mit seiner Stimme zu spielen, ein bisschen hoch, ein bisschen runter. Man spürt sofort an seinem Gegenüber, wenn es ihr/ihm an irgendetwas fehlt.

Es ist sehr interessant, die eigene Stimme aufzunehmen und anzuhören. Es geht nicht nur um die Stimme, sondern auch um den Ausdruck, die Artikulation. An diesem Punkt lässt sich hervorragend arbeiten. Eine gute und volle Stimme, die angenehm klingt, öffnet Türen.

Auch hier ist es nicht selten so, dass Stimme und „Inhaber" zumindest oft zusammenpassen. Eine piepsige Stimme hat oft mehr mit ihrem Träger zu tun, als jemand annehmen möchte. Gerade wenn eine Person in der Öffentlichkeit steht, ist seine Stimme ein wichtiges Merkmal, auf das andere achten und im Radio, sogar das einzige, was man vernimmt.

Stimmarbeit ist immer sinnvoll, in härteren Fällen helfen Logopäden, Atemspezialisten, Stimmtrainer um Ihnen mehr Ausdruck in Ihrer Stimme zu verleihen.

Über die Stimme hinaus, ist die Mimik ein ganz entscheidender Faktor. Mit unserem Gesicht sind wir meist besser in der Lage, Emotionen auszudrücken, als es mit Worten möglich ist. Ein Lächeln kann verzaubern oder eine drohende Eskalation abwenden. Die Mimik verläuft ebenfalls, zumindest meistens, unbewusst und verrät eine Menge über eine Person.

Ebenfalls ist die Gestik wichtig. Auch mit Händen lässt sich viel ausdrücken. Sie können abwehrend sein, aufnehmend, sie verraten nicht selten innere Einstellungen.

Lediglich zwanzig Prozent unserer Kommunikation verläuft tatsächlich über die Sprache. Und die Sprache kann auch durchaus im Gegensatz zu dem stehen, was der Körper sagt. Lügen können je nach Haltung eines Sprechers angenommen werden, wenn er Großartiges verspricht, dabei aber in einer sehr beengten Körperhaltung bleibt.

Wir agieren auf so vielen verschiedenen Ebenen, die darüber entscheiden, ob wir als freundlich, glaubwürdig, souverän wahrgenommen werden. Je mehr wir tatsächlich auch nach außen der Mensch sind, der wirklich in uns steckt, desto weniger ist es nötig, auf das Verhalten zu achten, weil es einfach authentisch ist.

Wichtig ist auch zu wissen, dass eine authentische Person auch nicht immer von jedem gemocht wird. Eines ist er aber: Ehrlich und er ist bei sich selbst. Generell bleibt es eine Frage, ob jemand tatsächlich sein muss, wie andere es von ihm erwarten oder ob er einfach so sein darf, wie er ist. Das Letztere ist natürlich der Schlüssel zur

Selbstliebe, zum Selbstwertgefühl und damit zu einem gesunden Selbstbewusstsein.

Je mehr Anpassung nötig ist, umso mehr wird das eigentliche „sein" zu einem Schauspiel mutieren. Manchmal ist es aus diversen Gründen nötig, manchmal macht es sogar Spaß in eine andere Rolle zu schlüpfen. Aber das eigentliche Ziel sollte sein, sich der Person anzunähern, die in einem lebt und diese lieben zu lernen.

Im Grunde ist das leicht, obwohl es paradox erscheint. Schnell wird einem Menschen ein zu starker Egoismus vorgeworfen, wenn er seine eigenen Interessen in den Fokus rückt.

Weniger gerne gesehen, dass ein ständiges Verleugnen eigener Wünsche nicht nur bei sich selbst zu einem Mangel führt, sondern der Mangel ebenso auf andere übertragen wird. Man bemerkt es direkt und unbewusst, dass etwas nicht stimmt mit Ihnen.

Die eigenen Ressourcen zu stärken und auszubauen, ist eben nicht nur eine selbst stärkende Handlung.

Eigene Interessen zu leben hat nichts mit einem Wettbewerb zu tun. Es geht nicht um das Messen mit den Fähigkeiten anderer, es geht darum, die eigenen Fähigkeiten zu entdecken und ernst zu nehmen.

Wir leben in einer Gemeinschaft, dennoch sind wir nur uns selbst verpflichtet. Erst wenn man am Gesellschaftsleben teilnimmt, Sie für sich dennoch die wichtigste Person sind, erst dann können Sie auch die Bedürfnisse anderer erkennen.

Nur durch eine Wechselseitigkeit – da mal mehr das Eigene zu leben, dort mal mehr das Andere zu sehen - kommen wir in einen Fluss

Kein Mensch beabsichtigt völlig alleine zu leben und die wenigsten wollen nur für andere da sein.

Erfolgreiche Menschen haben einen Art Plan für ihr Leben und verfolgen eigene Ideen und setzen ihr Ziel Schritt für Schritt um. Nur durch kleine Schritte ist es möglich, laufende Fortschritte zu erzielen. Das ist wichtig, um das eigene ICH nicht aus den Augen zu verlieren.

Im Leben geht es darum, Wege zu finden und sowohl mit sich als auch mit anderen harmonisch zu leben. Strikt in eine Richtung zu gehen, ist ähnlich fragwürdig, wie ständig das zu machen, was andere wollen.

Die Marionette

Wer immer das tut, was andere von ihm erwarten, lebt – zumindest auf den ersten Blick – leichter. Seien Sie sich bewusst, bei so viel Verrat an sich selbst werden sich früher oder später Widerstände einstellen, sei es auf psychischer oder physische Ebene.

In uns ist „etwas", dass sein möchte, und zwar es selbst. Wird dem nicht Folge geleistet, sind Probleme auf natürliche Art vorprogrammiert.

Es ist nicht nur sinnvoll, sondern auch gesünder „Nein" zu sagen, wenn es die eigene Haltung erfordert.

Ein „Nein" kann ich auch auf Hilfe für andere beziehen. Aktuell lässt sich ein „Ja" nicht unterbringen, weil eigene Interessen, Bedürfnisse oder Pläne es verhindern.

Sehr schnell haben Sie wahrscheinlich ein Schuldgefühl. Dabei sollten Sie nicht vergessen, dass Schuldgefühle ein erlerntes Muster sind, nicht mehr und nicht weniger. Von vielen Menschen gerade die, die die Sprache der Manipulation verstehen sind wahre Meister darin Ihnen Schuldgefühle zu vermitteln, obwohl kein Grund dafür besteht. Seien Sie sich bewusst, dass Ihr gegenüber alle Register zieht, um Ihnen dieses Schuldgefühl zu vermitteln.

Wir alle streben eigentlich nach Harmonie. Da stößt man niemandem gern vor den Kopf und sagt lieber vorschnell ein bedeutungsleeres „Ja" als ein bedeutungsschweres „Nein".

Durch ein vorschnelles „Ja" wird der Lebensalltag schnell eingeschränkt. Und ein „Ja", dass nicht ganz ehrlich gemeint ist, fühlt sich nicht besonders gut an. Erstens ist es unehrlich der eigenen Person gegenüber. Zweitens kann es sich als ungünstig im Umgang mit anderen erweisen, weil man schnell – zumindest innerlich – anderen vorwirft, einen mit Forderungen in die Enge zu treiben.

Nein sagen ist eine hervorragende Möglichkeit, die Persönlichkeit zu entwickeln und das Selbstbewusstsein aufzubauen. Bei einem Nein geht es nicht darum, anderen vor den Kopf zu stoßen, sondern durchaus darauf zu achten, dass zwischen Eigen- und Fremdinteressen ein Gleichgewicht bestehen bleibt.

Das „Nein" ist nicht nur negativ zu verstehen, denn wer es lernt selbst „Nein" zu sagen, ist auch besser in der Lage mit einem „Nein" von einer anderen Person umzugehen.

Seien Sie authentisch, Ihre Familie, Freunde und Bekannte werden Sie dafür wertschätzen und respektieren.

Praktische Tipps

Sich selbst loben und Anerkennung einfordern

Oftmals kommt Lob und Anerkennung zu kurz. Das Problem ist hierbei, dass die Anerkennung bei anderen Menschen gesucht und regelrecht erwartet wird. Dabei sollten Sie sich regelmäßig selbst loben und Ihnen Anerkennung schenken. Durch Ihre Selbstzweifel wird Ihnen weiß gemacht, dass Sie die lieben Worte von anderen Menschen benötigen. Bleiben diese aus, so werden Sie unzufrieden.

Mit Selbstkritik kennen sich die meisten Menschen bestens aus. Ist es auch bei Ihnen so? Wie sieht es mit Eigenlob aus? Wird auch dieses häufig in Ihren Alltag integriert? Oder sind Sie sich selbst der größte Kritiker und viel zu selten mit sich zufrieden?

Jeder Mensch weiß, wie gut ein Lob wirkt. Wir trauen uns an diesem Tag deutlich mehr zu. Unser Selbstbewusstsein steigt enorm. Aber wieso loben wir uns zusätzlich nicht einfach häufiger? Wir wissen doch, wie gut Anerkennung auf uns wirkt.

Die Gründe, warum sich Menschen zu selten selbst loben:

- "Eigenlob stinkt" - viele Menschen handeln nach diesen Worten
- Eltern haben mehr kritisiert als gelobt, wodurch unser Fokus häufiger eher auf Schwächen und Fehler liegt

- Wir haben stets zu hohe Erwartungen an uns - wir streben an, perfekt zu sein
- Wir sind unzufrieden (Fehler/ Äußeres/...)
- Wir sind überzeugt, dass wir uns lediglich durch Kritik ideal weiterentwickeln
- Überheblichkeit, Selbstgefälligkeit und Arroganz werden mit selbstlos in Verbindung gebracht
- Jene Dinge, die uns gelingen, halten wir für selbstverständlich - sie sind keines Lobes wert

Was ist letztendlich falsch daran, auf etwas stolz zu sein, das getan wurde? Was ist daran überheblich, wenn Sie sich selbst loben würden? Erst wenn es Ihnen möglich ist, sich selbst häufiger zu loben, dann sind Sie auch weniger abhängig von der Anerkennung anderer. Erst dann machen Sie sich von dieser Abhängigkeit frei und können beruhigter leben. Erst dann fühlen Sie sich nicht mehr schlecht, wenn das Lob der anderen einmal ausbleibt. Fangen Sie an, sich selbst häufiger zu loben. Es gibt viele Dinge, die lobenswert sind. Schauen Sie einmal genauer hin.

Diese Punkte sollten bei einem Eigenlob Beachtung finden:

- Die Lobe sollten auf eine konkrete Situation bezogen sein.
- Sie sollten sich direkt nach der erbrachten Leistung loben.

- Sie sollten sich loben, wenn es auch wirklich angemessen ist.
- Sie sollten es sich zur Gewohnheit machen, sich täglich Lobe auszusprechen.
- Machen Sie es sich zur Aufgabe, aktiv nach lobenswerten Dingen zu suchen.

Beachten Sie einfach jene Dinge, die Sie auch beachten würden, wenn Sie anderen Menschen Lob aussprechen würden. Seien Sie ehrlich zu sich selbst, erkennen Sie aber auch die lobenswerten Dinge. Falls es noch nicht so klappen sollte, kommen hier noch ein paar Übungen zu dieser Thematik.

Übung 1: Überlegen Sie sich kurz vor dem Schlafengehen, was alles gut gelaufen ist. Finden Sie mindestens drei Situationen, mit denen Sie zufrieden sind und loben Sie sich direkt dafür.

Übung 2: Wenn Sie in einer Situation nichts Lobenswertes finden sollten, dann stellen Sie sich den positivsten Menschen in Ihrem Leben vor. Was würde er zu Ihnen sagen?

Übung 3: Fragen Sie sich in konkreten Situationen, was Sie positiv sehen könnten. Loben Sie sich nun für diesen Aspekt.

Übung 4: Wandeln Sie die Aussage "Eigenlob stinkt" in "Eigenlob stimmt" um. So werden Sie sich in Zukunft deutlich einfacher Lob erteilen können, ohne sich dabei elend zu fühlen.

Entscheidungen treffen - Rational denken und handeln

Täglich treffen Sie rund 12.000 Entscheidungen. Dies beginnt bereits bei dem ersten Klingeln Ihres Weckers. Sie entscheiden sich intuitiv, ob Sie ihn nun ausschalten und aufstehen oder auf "Snooze" stellen und noch etwas schlummern.

Die meisten Entscheidungen in Ihrem Leben sind Bauchentscheidungen. Die meisten von ihnen tun Sie unbewusst. Dabei müssen Bauchentscheidungen nicht einmal die schlechtere Wahl sein. In den meisten Fällen sind Entscheidung, die aus dem Bauch heraus getroffen worden, sogar die besseren. Zudem sind diese Entscheidungen meist 1.000 Mal schneller als jene des Verstandes.

Doch nicht alle Entscheidungen werden rein aus dem Bauch gefällt. Und nicht jede Entscheidung wird spontan getroffen. Oftmals können Sie sich vermutlich nicht entscheiden und schieben dies ewig vor sich her. Auf diesem Weg verlieren Sie den Respekt von anderen und auch von sich selbst.

Über einige Entscheidungen sollten Sie zudem nachdenken und sie rational treffen. Seien Sie sich stets bewusst, was Sie möchten, und handeln dementsprechend. Dies steigert Ihre Autorität und wirft Sie zudem in kein unangenehmes Stresslevel.

Tipp: *Sollten Sie ich dennoch einmal nicht entscheiden können, so nehmen Sie sich eine Auszeit, um das Stressniveau zu senken und bessere Entscheidungen treffen zu können. Zudem sollten Sie nicht alle Dinge spontan entscheiden. Bei einigen Dingen lohnt es sich definitiv, eine Nacht darüber zu schlafen.*

Interessante Fakten über das Treffen von Entscheidungen:

- Im Dunkeln werden rationalere Entscheidungen getroffen.
- Mit voller Blase werden häufig bessere Entscheidungen gefällt.
- Bei Stress werden riskantere Entscheidungen getroffen.
- Meist entscheiden wir uns für die erste Option.
- In der Mehrheit wird sich für Bekanntes entschieden.
- Wenn jemand sich nicht entscheiden kann, dann benötigt er eine Alternative.
- Bei guter Laune entscheiden sich Menschen großzügiger.
- Menschen mit schlechter Laune sehen klarer.
- Bei Ärger werden Entscheidungen rationaler.
- Wer häufiger steht, fällt bessere Entscheidungen.
- Bei hohen Boni wird besser entschieden.
- Wer ausgeschlafen ist, wählt klüger.

Damit Sie auch einfacher und besser Entscheidungen treffen, können Sie zu den folgenden Übungen greifen. So wird die Entscheidungsfindung in Zukunft deutlich entspannter ausfallen.

Übung 1: Die wohl bekannteste Übung ist die Pro-und-Kontra-Liste. Sie ist besonders hilfreich, wenn Sie sich zwischen zwei Dingen nicht entscheiden können. Schreiben Sie auf, was die Sache besonders macht und all jene Dinge, die gegen sie sprechen. So bekommen Sie einen klaren Überblick und denken noch einmal genauer über die Thematik nach.

Übung 2: Sollten Sie zahlreiche Alternativen haben, so behalten Sie mit einer Entscheidungsmatrix einen guten Überblick. Diese Option ähnelt der Pro-und-Kontra-Liste aus Übung 1. Hier ist jedoch eine tabellarische Übersicht an der Tagesordnung, die Ihre Auswahlmöglichkeiten ideal verwaltet und Ihnen bei der Entscheidungsfindung hilft. Zudem können Sie nun jeder Idee Schulnoten verteilen. Welche Option schneidet letztendlich am besten ab?

Übung 3: Der Entscheidungsbaum ist auch eine beliebte Methode. Es handelt sich um eine Art Turnier der einzelnen Optionen. Immer zwei Punkte treten gegeneinander an und nur eine Option kann pro Kampf gewinnen. So tritt in Runde 1 beispielsweise A gegen B und C gegen D an. Wenn A und D weiterkommen, dann treten sie in

Runde 2 gegeneinander an. Der Sieger der letzten Runde ist die gefällte Entscheidung. Herzlichen Glückwunsch!

Mitmenschen zeigen was in einem steckt - Ausblick in die Zukunft mit einem starken Selbstbewusstsein

Sie befinden sich in kleineren Gruppen und keiner hört Ihnen zu? Sie werden oftmals nicht ernst genommen? Größere Entscheidungen werden ohne Sie getroffen? Sie werden permanent unterschätzt und hintergangen? Das könnte an Ihrer bisherigen Unsicherheit liegen. Ihre Stimme klingt schwach. Ihr Händedruck wird nicht ernst genommen. Sie können selten Blickkontakt halten. Sie trauen sich oftmals nicht, Dinge auszusprechen, die in Ihrem Kopf umherschwirren. Schluss damit! Zeigen Sie Ihren Mitmenschen, was alles in Ihnen steckt! Präsentieren Sie Ihre Persönlichkeit mit einem gesteigerten Selbstwertgefühl.

Doch es handelt sich um einen langwierigen Prozess. Sie müssen viel Geduld mitbringen und die Übungen machen, die ich Ihnen biete. Loben Sie sich auch bei kleinsten Erfolgen und zeigen Sie den Menschen in Ihrem Umfeld, dass Sie präsent sind und Schritt für Schritt präsenter werden.

Wissenswert: Für ein starkes Selbstwertgefühl ist viel Zeit und Geduld notwendig. Die drei Säulen der Persönlichkeitsentwicklung sind ebenfalls von enormer Relevanz. So fließen hier die Selbstakzeptanz, die Selbsterkenntnis und die Selbstveränderung mit ein.

Dies muss bei der Persönlichkeitsentwicklung beachtet werden:

- Sie lernen sich selbst (Ihre guten und schlechten Seiten) kennen.
- Die eigene Komfortzone muss verlassen werden.
- Sie lernen Ihre Grenzen kennen und müssen Sie akzeptieren.
- Sie müssen Selbstverantwortung übernehmen.
- Sie können auf Ablehnung stoßen.
- Freunde, die sich nicht mit Ihnen weiterentwickeln, könnten Sie verlieren.
- Sie gewinnen an Selbstwert - tun sich aber auch schwerer mit jenen Menschen, die diesen Wert nicht erkennen.

Hier die Tipps, um die eigene Persönlichkeit voranzutreiben:

- Definieren Sie eine Richtung!
- Forcieren Sie die Veränderungen!
- Es ist sinnvoll, viele Bücher zu lesen!
- Eignen Sie sich neue Fähigkeiten an!
- Stellen Sie sich neuen Herausforderungen!
- Hinterfragen Sie Ihre Standpunkte!
- Führen Sie intensive Gespräche mit den Menschen in Ihrem Umfeld!
- Tagträume und warum sie so wichtig sind

Tagträume sind wahre Wunder, wenn sie genutzt werden. Schade ist es für all diejenigen, die sich die Tagträume nicht zu eigen machen und von ihnen profitieren. Leider nutzt kaum ein Mensch die Macht dieser Träumereien. Was bewirken Tagträume nun eigentlich und warum ist es sinnvoll, sie zu nutzen?

"Träume nicht Dein Leben, sondern

lebe Deinen Traum!"

Dieses Zitat ging um die Welt und ist auch heute noch sehr populär. Hierbei wird gesagt, dass Sie nicht nur von dem Leben träumen sollen, was Sie sich für sich wünschen. Und Sie dürfen sich auch dieses wundervolle Leben für sich wünschen, denn Sie haben es sich verdient. Zudem wird gesagt, dass Menschen träumen und nach diesen Träumen ihr Leben aufbauen sollen. Nur können die eigenen Träume nicht gesteuert werden. Hier sind die Wünsche und Ziele von Menschen gemeint, nicht die nächtlichen Verarbeitungen der gewonnenen Daten und Eindrücke auf der eigenen Festplatte.

Jeder hat Träume und Ziele. Nur die wenigsten visieren diese an und arbeiten hart für diese. Dafür fehlt vermutlich oftmals auch die notwendige Motivation. Oder die Vorstellungskraft dafür, in welche Richtung die Träume gehen.

- Grobe Träume können sein:
- Viel Geld
- Eine tolle Familie
- Ein eigenes Heim
- Erfolg im Beruf
- Ein gesunder und wohl proportionierter Körper
- Das Gewinnen der Meisterschaft
- und vieles mehr

Alle diese Träume haben ein Problem - sie sind zu grob. Ihre Aufgabe ist es also, Ihre Ziele zu nehmen und zu konkretisieren. Dies geschieht nicht in der Theorie, sondern in der Praxis. Stellen Sie sich vor, wie es sich anfühlt, reich zu sein. Visualisieren Sie sich Ihr Leben mit Ihrer Familie. Ist es ein angenehmes Gefühl, der Champion Ihrer Kategorie zu sein?

Was auch immer das Ziel ist, träumen Sie so oft wie möglich davon. Träumen Sie, was das Zeug hält. Stellen Sie sich jedes noch so kleine Detail vor und Sie werden merken, wie sich Ihr Körper auf diese Gegebenheit einstellt. So können Sie zielgerichteter auf Ihre Träume hinarbeiten. Sie steigern Ihre Motivation und finden durch die Tagträume vielleicht sogar Wege und neue Ideen, die Sie noch erfolgreich in Ihrem Vorhaben machen werden. Viel Spaß beim Träumen!

Praktischer Teil

In diesem Teil lernen Sie gezielt, wie Sie Ihr Selbstwertgefühl steigern. Wichtig ist es, die Tipps auch umzusetzen und regelmäßig durchzuführen, denn nur dann können sie ihre Wirkung auch erst entfalten.

Übung 1 - Die Komfortzone verlassen

Jeder Mensch hat einen Bereich, in dem er sich sicher fühlt. Menschen verlassen nur ungern ihre Komfortzone, was sie sehr in ihren Möglichkeiten einengt. Üben Sie gezielt, diese Zone so häufig wie möglich zu verlassen. Dies können für den Anfang kleine Schritte sein. Bestellen Sie beispielsweise mal etwas anderes auf der Speisekarte Ihres Lieblingslokals oder nehmen Sie einen anderen Weg zur Arbeit. Auf diesem Weg werden Sie tolle Dinge entdecken und merken, dass es gar nicht so schlimm ist, aus dem beschränkten Bereich auszutreten. Halten Sie sich nicht selbst wie ein Gefangener!

Übung 2 - Das Dankbarkeitstagebuch

Wir sind heutzutage viel zu undankbar für die selbstverständlichen Dinge im Leben. Schreiben Sie sich auf, für was alles Sie in Ihrem Leben dankbar sein können. Sie werden dabei merken, dass es mehr Dinge sind, als Sie erwartet hätten.

Übung 3 - Eine gute Körperhaltung

Eine gerade Körperhaltung bewirkt Wunder. Richten Sie sich gezielt auf, beispielsweise wenn Sie einen wichtigen Termin haben oder eine Person Ihrer Wahl ansprechen möchten. Durch die gerade Körperhaltung verspüren Sie automatisch mehr Selbstvertrauen.

Übung 4 - Die Macht des Lächelns

Positive Emotionen sorgen für ein gesundes Selbstwertgefühl. Wer lächelt, signalisiert seinem Körper eine glückliche Stimmung. Dadurch steigt das eigene Empfinden wie von selbst. Versuchen Sie beispielsweise einmal, zu Lächeln und dabei negative Gedanken zu verleben. Es wird nicht funktionieren.

Übung 5 - Prüfen Sie Ihre Ziele

Ziele sind wichtig im Leben. Sie treiben uns an. Jeder Mensch hat Ziele. Schreiben Sie sich Ihre Ziele auf und überlegen Sie im Anschluss, was Sie dafür tun können, um die Ziele zu verwirklichen. Erfreuen Sie sich auf dem Weg zum Erfolg an den kleinen Erfolgen.

Übung 6 - Meditation

Wer sich selbst nahe stehen möchte, muss sich selbst kennenlernen. Am besten funktioniert das, wenn einmal den eigenen Gedanken zugehört wird. Versuchen Sie sich mit Meditation. Hören Sie sich selbst zu, urteilen Sie jedoch nicht. Auf diesem Weg lernen Sie sich sehr gut kennen.

Übung 7 - Ziehen Sie die Dinge durch, die Sie sich vornehmen

Oftmals setzen sich Menschen Ziele und scheitern nach kurzer Zeit. Motivieren Sie sich, die Dinge durchzuziehen. Posten Sie beispielsweise etwas bei Instagram oder nutzen Sie andere Optionen, um Ihr Vorhaben publik zu machen. Wenn Sie das getan haben, sind Sie viel motivierter, die Dinge auch wirklich durchzuziehen.

Übung 8 - Kommen Sie mit anderen Menschen ins Gespräch

Wenn Sie schüchtern sind, dann sollten Sie das aktiv beheben. Versuchen Sie, immer häufiger mit Menschen in Gespräche zu kommen. Sie werden auf Dauer bemerken, dass das gar nicht so schlimm ist. Zudem bieten Ihnen andere Menschen einen großen Mehrwert. Erkennen Sie diesen Vorteil und nutzen Sie ihn.

Übung 9 - Den eigenen Ängsten stellen

Oftmals hilft es nur, Feuer mit Feuer zu bekämpfen. Versetzen Sie sich gezielt in die Situation der Angst und fühlen Sie genau, worin die Angst genau vergraben liegt. Arbeiten Sie im Anschluss gezielt daran. Sollten Sie allein nicht mit dieser Angst fertig werden, so können Gespräche mit einem Therapeuten helfen.

Übung 10 - Seien Sie sanft zu sich selbst

Jeder Mensch macht Fehler. Auch Sie werden Fehler machen. Auch Sie werden Übungen nicht immer zu Ihrer vollkommenen Zufriedenheit umsetzen können. Urteilen Sie nicht darüber. Sagen Sie sich, dass es nicht so schlimm ist und dass es beim nächsten Mal klappt.

Übung 11 - Stellen Sie sich 3 Aufgaben pro Tag

Es ist ein tolles Gefühl, abends zu wissen, dass etwas geschafft wurde. Stellen Sie sich täglich 3 Aufgaben Ihrer Wahl und erfüllen Sie sie. Das Gefühl wird Sie motivieren. Fangen Sie anfangs klein an und steigern Sie sich mit der Zeit.

Übung 12 - Lernen Sie, auch mal Nein zu sagen

Viele Menschen haben Probleme damit, anderen Menschen eine Bitte abzuschlagen. Oftmals ist dies ein Nachteil für die Menschen. Lernen Sie also, auch mal Nein zu sagen. Sie werden sich gut fühlen.

Übung 13 - Eignen Sie sich Morgenroutinen an

Alle großen Macher haben eine Morgenroutine. Sie stehen oftmals auf, trinken ein Glas Wasser, meditieren, machen etwas Sport. Die Morgenroutinen können ganz unterschiedlich aussehen. Finden Sie hier die idealen Optionen für Ihren perfekten Start in den Tag.

Übung 14 - Schreiben Sie sich selbst einen Liebesbrief

Für einige Menschen mag das wohl albern klingen. Doch der Liebesbrief verhält sich ähnlich wie das Eigenlob. Gute Worte sind Gold wert. Nutzen Sie diese Macht und schreiben Sie sich einen schönen Brief. Lesen Sie ihn sich im Anschluss laut vor. Bewahren Sie ihn gut auf und lesen Sie ihn häufiger.

Übung 15 - Positive Affirmationen

Positive Affirmationen oder auch Glaubenssätze sind das genaue Gegenteil von den ewigen Kritiken und Selbstzweifeln. Hören Sie beispielsweise täglich positive Affirmationen oder schreiben Sie sich selbst einige Affirmationen auf, die zu Ihnen passen und lesen Sie sich diese täglich vor.

Übung 16 - Denken Sie groß

Setzen Sie sich ruhig große Ziele. Sie dürfen groß denken und sich auch große Dinge für Ihr Leben wünschen. Jeder Mensch darf das. Beschränken Sie sich nicht selbst, weil Sie womöglich denken, Sie würden es nicht verdienen. Sie verdienen es auf jeden Fall!

Übung 17 - Seien Sie ehrlich zu sich selbst

Sie haben keine tolle Wohnung? Ihr Job gefällt Ihnen auch nicht? Das ist doch nicht so schlimm. Finden Sie sich damit ab und arbeiten Sie lieber stattdessen auf etwas

Schöneres hin. Verleugnen Sie allerdings nicht Ihre aktuelle Situation. Nutzen Sie die Aspekte lieber, um daraus Kraft zu schöpfen. Motivieren Sie sich!

Übung 18 - Lernen Sie aus Fehlern

<u>Zitat:</u>

> *„Es irrt der Mensch, solang er*
>
> *strebt.“*
>
> ***Goethe, in Goethes „Faust"***

Irren ist menschlich. Jeder Mensch begeht Fehler. Kritisieren Sie sich nicht aufgrund Ihrer Fehler, sondern analysieren Sie sie. Sie können daraus lernen und Schritt für Schritt daran wachsen. Wichtig ist lediglich, sich diese Fehler bewusst zu machen und daran zu arbeiten.

Übung 19 - Legen Sie negative Gedanken ab

Negative Gedanken sind pures Gift. Sie halten Sie klein und reden Ihnen ein, dass Sie weniger wert wären als andere. Legen Sie die negativen Gedanken ab. Versuchen Sie gezielter positiv zu denken und positiv auf andere Menschen zuzugehen. Sie werden rasch merken, dass nun auch mehr positives Feedback kommt.

Übung 20 - Ein guter Kleidungsstil

Menschen sind individuell. Ein guter Kleidungsstil bedeutet nicht, dass Sie jetzt im Anzug, Kostüm oder Kleid daherkommen sollen. Wichtig ist ein ordentlicher Kleidungsstil, in dem Sie sich wohlfühlen. Zudem schadet es nicht, die Jeans, die Sie vor 3 Jahren gekauft haben, auch einmal durch eine neue Hose zu ersetzen. Wenn Sie sich gut kleiden, wächst Ihr Selbstbewusstsein. Zudem unterstützt Kleidung die eigene Persönlichkeit, denn die meisten Körperstellen sind davon bedeckt. Demnach werden viele Menschen nach ihrem Stil beurteilt.

Haftungsausschluss

Die Umsetzung aller enthaltenen Informationen, Anleitungen und Strategien dieses E-Books erfolgt auf eigenes Risiko. Für etwaige Schäden jeglicher Art kann der Autor aus keinem Rechtsgrund eine Haftung übernehmen. Für Schäden materieller oder ideeller Art, die durch die Nutzung oder Nichtnutzung der Informationen bzw. durch die Nutzung fehlerhafter und/oder unvollständiger Informationen verursacht wurden, sind Haftungsansprüche gegen den Autor grundsätzlich ausgeschlossen. Ausgeschlossen sind daher auch jegliche Rechts- und Schadensersatzansprüche. Dieses Werk wurde mit größter Sorgfalt nach bestem Wissen und Gewissen erarbeitet und niedergeschrieben. Für die Aktualität, Vollständigkeit und Qualität der Informationen übernimmt der Autor jedoch keinerlei Gewähr. Auch können Druckfehler und Falschinformationen nicht vollständig ausgeschlossen werden. Für fehlerhafte Angaben vom Autor kann keine juristische Verantwortung sowie Haftung in irgendeiner Form übernommen werden.

Anna Werner-Netzer

Urheberrecht

Alle Inhalte dieses Werkes sowie Informationen, Strategien und Tipps sind urheberrechtlich geschützt. Alle Rechte sind vorbehalten. Jeglicher Nachdruck oder jegliche Reproduktion – auch nur auszugsweise – in irgendeiner Form wie Fotokopie oder ähnlichen Verfahren, Einspeicherung, Verarbeitung, Vervielfältigung und Verbreitung mit Hilfe von elektronischen Systemen jeglicher Art (gesamt oder nur auszugsweise) ist ohne ausdrückliche schriftliche Genehmigung des Autors strengstens untersagt. Alle Übersetzungsrechte vorbehalten. Die Inhalte dürfen keinesfalls veröffentlicht werden. Bei Missachtung behält sich der Autor rechtliche Schritte vor.

Impressum

© Anna Werner-Netzer

2023

1. Auflage

Alle Rechte vorbehalten

Nachdruck, auch in Auszügen, nicht gestattet

Kein Teil dieses Werkes darf ohne schriftliche Genehmigung des Autors in irgendeiner Form reproduziert, vervielfältigt oder verbreitet werden

MaMa Verlag

Anna Werner-Netzer, Garzweiler Allee 99, 41363 Jüchen

www.ingramcontent.com/pod-product-compliance
Lightning Source LLC
Chambersburg PA
CBHW050646250726

48662CB00002B/513